La clé de l'émergence de l'économie congolaise

Analyse critique et nouvelles orientations de politique économique

Notes de cours

Dirigée par Benjamin Mulamba Mbuyi

L'objet de la collection est de susciter les publications dont la vocation est double : d'une part offrir aux professeurs d'universités l'opportunité de publier leurs notes de cours, utilisées tout au long de leur carrière, et d'autre part offrir aux étudiants et chercheurs les outils de travail dont ils ont grandement besoin.

La collection s'adresse principalement aux étudiants et se propose d'envisager toutes les questions qui touchent tous les aspects de droit, de science politique et de relations internationales qui font l'objet d'un enseignement universitaire autonome.

Nous privilégierons la publication de manuels de grande qualité scientifique qui seront mis à la disposition des étudiants, régulièrement révisés comme des outils pédagogiques et utilisés dans un grand nombre d'institutions universitaires à travers le monde.

Déjà parus :

Jean KILUILA NTAMBUE, *Récupérer sa dignité humaine, Vers l'actionnalisme auto-dynamisant*, 2018.
Hubert MUKENDI MPINGA, *Éléments de psychologie médicale*, 2018.
Jean Pierre LOTOY ILANGO-BANGA, *Apprendre la science politique pour comprendre la politique*, 2018.
Berthold OYANGANDJI DIMANDJA, *Essentiel de la géopolitique,* 2017.
Beaujolais BOFOYA KOMBA, *Mathématiques pour économistes, Cours et exercices résolus,* 2017.
Marie-Thérèse KENGE NGOMBA TSHILOMBAYI, *Droit civil, Les obligations,* 2017 ;
Rémy MUSUNGAYI BAMPALE, *Les associations pré-politiques dans la ville de Luluabourg (Kananga) avant 1960, Cas de l'association Lulua-Frères, Nouvelle édition*, 2017
Georges MUYAYABANTU MUPALA, *La culture du maïs sur les oxisols en République Démocratique du Congo*, 2017.
José-Marie TASOKI MANZELE, *Procédure pénale congolaise*, 2016.
Dieudonné MIRIMO MULONGO, *Comment briser le plafond de verre pour les femmes candidates aux élections en RD Congo*, 2016.
Jean-Louis ESAMBO KANGASHE, *Le droit congolais des marchés publics,* 2016.
Marcel WETSH'OKONDA KOSO, *La protection des droits de l'Homme par le juge constitutionnel congolais, Analyse critique et jurisprudence (2003-2013),* 2016.
Richard LUKUNDA VAKALA-MFUMU, *Le développement intégré de l'Afrique par les bassins fluviaux, Cas des bassins du Congo et du Nil,* 2016.

Émile NGOY KASONGO

La clé de l'émergence de l'économie congolaise

Analyse critique
et nouvelles orientations de politique économique

Préface d'Alain PICHOT

L'Harmattan

5-7, rue de l'Ecole-Polytechnique, 75005 Paris

www.editions-harmattan.fr

ISBN : 978-2-343-16445-8
EAN : 9782343164458

PRÉFACE

Susciter la croissance, l'entretenir ou l'accélérer est l'un des principaux enjeux de la politique économique, sans doute le principal dans une perspective à long terme.

C'est aussi l'un des plus difficiles à cerner.

En effet, la recherche des déterminants de la croissance conduit l'économiste à ouvrir, successivement et avec toujours plus de difficulté, une série de poupées russes, comme l'expliquent, dans leur ouvrage sur la Politique économique (de Boeck 2004) Agnès Bénassy-Quéré, Benoît Coeuré, Pierre Jacquet et Jean Pisani-Ferry.

A chaque niveau, il cerne une partie de la réalité, mais pour constater bientôt que des ressorts plus profonds lui échappent encore. Or c'est bien sur ces ressorts profonds -les plus mal connus- que la politique économique devrait agir pour stimuler durablement la croissance.

L'économiste commencera par l'évaluation du degré de développement à partir de la mesure des niveaux de vie. Les macroéconomistes s'en tiennent en général à une approche utilitariste : ils s'intéressent à la progression du revenu par habitant, quitte à compléter cette approche par l'étude de la dispersion des revenus (coefficient de Gini).

L'indicateur le plus utilisé est le PIB par tête, pertinent pour mesurer le niveau de vie moyen. Il correspond à la valeur ajoutée sur le territoire, qui est ensuite répartie plus ou moins équitablement.

Au cours du temps, il faut mesurer des PIB à prix constants, corrigés de l'évolution des prix.

Entre pays, il faut aussi corriger du taux de change et la

photographie sera différente suivant qu'on utilise des taux de change courants ou des taux de change corrigés des différences de prix (standard de pouvoir d'achat).

Malgré son intérêt, le PIB par tête présente de nombreuses limites.

Entant qu'indicateur des possibilités de consommation d'emploi, il n'est pas sans lien avec le bien-être d'une communauté. Mais beaucoup d'autres facteurs qui ne sont pas mesurés par le PIB agissent positivement ou négativement sur ce bien-être.

Pour pallier les déficiences du PIB, d'autres indicateurs ont été mis au point.

A la suite des travaux du prix Nobel Amartya Sen, le Programme des Nations Unies pour le développement a proposé un indicateur du développement humain (IDH) qui prend en compte un ensemble de critères sanitaires et sociaux (éducation, nutrition, espérance de vie, santé, etc.).

Le PIB n'est pas davantage un concept de « revenu soutenable ». Pour tenir compte de l'impact de la croissance sur l'environnement (dégradations, changement climatique, épuisement des ressources naturelles), il a besoin d'être complété par d'autres indicateurs (« l'empreinte écologique » par exemple).

A ce premier niveau, descriptif, l'économiste peut retracer, au fil du temps, les trajectoires des différents pays. Le grand spécialiste de l'histoire quantitative de la croissance Angus Maddison a construit une mesure du PIB par tête moyen dans le monde depuis 1820. L'exercice permet de dégager quelques faits stylisés marquants quant à la croissance dans le monde.

Pour les responsables économiques des pays sous-développés et en voie de développement, il sera toujours instructif d'étudier les expériences des nations qui ont réussi à se développer et notamment celles des pays dits « émergents » : Brésil, Russie, Inde et Chine formant les « BRIC » et ceux qui les ont rejoint : Afrique du Sud, Mexique, Corée du Sud, Argentine.

Mais pour s'interroger sur les causes des évolutions recensées, sur le pourquoi du rattrapage de leur retard par des économies moins développées, il faut faire faire un pas de plus à l'analyse et introduire les facteurs de production.

Maddison distingue quatre facteurs principaux de la croissance à long terme du PIB par tête : (a) le progrès technique, (b) l'accumulation du capital productif (infrastructures et machines) qui incorporent à des degrés divers le progrès technique, (c) l'amélioration du savoir faire, du niveau d'éducation et de l'organisation du travail et (d) l'intégration croissante des Nations par le commerce, l'investissement et les échanges économiques et intellectuels.

C'est l'objet de la « Comptabilité de la croissance » de faire la part, quantitativement, de ces différents facteurs.

A l'aide d'une fonction de production, le taux de croissance du PIB peut être exprimé comme une moyenne pondérée des taux de croissance du capital et du travail, à laquelle s'ajoute le taux de croissance de la productivité globale des facteurs (PGF) appelé « résidu de Solow », résidu car il n'est pas observable, mais se déduit par soustraction de la relation précédente.

La comptabilité de la croissance est une description et non une explication.

Pour véritablement comprendre les mécanismes de la croissance et pouvoir ainsi évaluer le rôle de la politique économique, un passage par la théorie est nécessaire.

Pour cela, l'économiste recourt à des modèles de croissance.

Par exemple, Mankiw, Romer et Weil suggèrent que pour mieux comprendre les origines de la croissance, il faut ouvrir la « boîte noire » de la PGF et cesser de la supposer exogène.

Les théories correspondantes, nées dans les années 1980 et 1990, sont dites de la croissance endogène.

Les modèles de croissance endogène expliquent les mécanismes par lesquels la croissance peut perdurer et se renouveler, mais elles renvoient à des déterminants plus profonds qui touchent aux institutions économiques et à leur adéquation à un certain stade de développement.

L'étape suivante de l'analyse vise alors à déterminer dans quel contexte -éducation, effort de recherche, concurrence, financement des entreprises, fiscalité.... l'innovation est mieux à même de se développer.

Cette investigation reste indispensable : c'est bien sur ces déterminants profonds que les politiques publiques peuvent agir.

Mais à mesure que l'économiste s'éloigne du terrain balisé de la mesure de la croissance et de ses composantes pour aller vers les déterminants profonds, ses connaissances et ses recommandations deviennent moins assurées.

Le bon dosage entre l'Etat et le marché pour promouvoir la croissance n'est pas le même pour tous les économistes. Cependant, on reconnaît de plus en plus les limites et les échecs du marché (marchés inexistants ou défaillants) et de l'Etat (problème de la « bonne gouvernance). On a donc tendance à les considérer comme des partenaires qui doivent coopérer.

C'est la position de Joseph E. Stiglitz (La grande désillusion, 2002 ; Un Autre Monde, 2006)) prix Nobel d'économie qui a été directeur des Etudes au FMI et Chef économiste à la Banque Mondiale.

La nature précise de ce partenariat différera selon les pays en fonction de leur niveau de développement politique et économique.

De même, le lien entre la croissance et les inégalités fait l'objet de débats passionnés.

Les inégalités de revenu ont augmenté très fortement au cours des XIX° et XX° siècles au sein des pays et entre pays.

L'influence des inégalités sur la croissance transite par des canaux multiples que les théoriciens se sont attachés à expliciter.

En l'absence de fiscalité redistributive, l'accroissement des inégalités peut être favorable au taux de croissance si la richesse accumulée par la fraction la plus riche de la population est investie dans des industries qui dégagent des gains de productivité. La richesse créée dans ces secteurs peut alors se diffuser à l'ensemble de la population (« Théorie du ruissellement »).

La portée de ce mécanisme est débattue.

Par contre, on peut faire remarquer qu'une politique permettant l'accès des plus pauvres aux services de santé et d'éducation s'avère une politique à la fois sociale et efficace.

De plus, les inégalités de revenu et de possibilités d'accès aux soins et à l'éducation sont des facteurs d'instabilité ou de blocage politique qui créent un climat d'incertitude défavorable à l'investissement.

L'influence de la stratégie éducative sur la croissance fait aussi l'objet de débats.

Selon la théorie de « la distance à la frontière technologique », il existe un seuil de développement en dessous duquel, pour stimuler la croissance, il faut investir dans l'enseignement primaire et secondaire et, au-delà duquel, il faut au contraire investir dans l'enseignement supérieur. Ce seuil est d'environ 75% du PIB par tête des Etats-Unis.

Sur la base de cette théorie, on a longtemps conseillé aux pays en voie de développement d'investir dans l'éducation primaire et secondaire qui suffit pour « imiter » les innovations faites ailleurs.

Néanmoins, si l'on veut réduire l'écart du savoir entre pays développés et pays en voie de développement, il faut aussi, dans ces derniers, un enseignement supérieur solide ; sous réserve que l'on puisse, pour éviter la « fuite des cerveaux », offrir aux nouvelles compétences des postes adaptés.

Dernier exemple d'évolution des réflexions économiques, la croissance de la PGF avait été jusqu'ici associée essentiellement au progrès technique.

Or la PGF désigne, de manière beaucoup plus large, tout ce qui concourt à élever l'efficacité de la combinaison de travail et de capital. Une dimension importante est l'organisation juridique et réglementaire des activités productives, que l'on peut regrouper sous le terme générique d'« Institutions ».

Les institutions bonnes pour les pays développés ne le sont pas nécessairement pour les pays en voie de développement.

Par exemple, les crises financières de 1997-1998 dans les pays émergents ont enseigné que l'ouverture du compte financier ne devrait pas être recommandé à tous les pays, mais seulement à des pays déjà développés et dont les institutions financières sont robustes.

Les institutions doivent pouvoir s'adapter. Les politiques de réformes structurelles visent à modifier de manière durable les institutions pour améliorer les performances économiques.

Un cadre macroéconomique stable fait partie des institutions favorables à la croissance (les politiques de croissance et de stabilisation sont complémentaires).

On est également de plus en plus conscient de l'importance, pour la réussite de la croissance, des facteurs psycho-sociologiques et politiques (opinion publique et « ressenti », consentement aux réformes, cohésion sociale, participation locale au choix et à la conception des projets, confiance....)

Mais la confiance se mérite. Elle suppose une bonne gouvernance (stabilité politique, efficacité des services publics, intervention à bon escient de l'Etat dans l'économie, sécurité juridique et absence de corruption, démocratie...)

Définir une stratégie de croissance juste et durable n'est donc pas chose aisée.

C'est cette tâche difficile qu'a entreprise le professeur Emile NGOY KASONGO pour son pays la République Démocratique du Congo.

Dans son ouvrage « Clé de l'émergence de la RDC d'ici à 2030- Analyses critiques des politiques économiques mises en place depuis 1960- : Forces, Faiblesses et Perspectives », il indique la voie que devrait emprunter la RDC pour atteindre le statut de pays émergent dans un futur relativement proche.

Il caractérise un pays émergent par plusieurs critères : une croissance économique avec des taux annuels autour de 7 à 8 %, la stabilité du cadre macroéconomique, la diversification de la production, l'ouverture économique, l'intégration au marché financier international, le rôle stratégique de l'Etat pour le développement et les investissements en R&D, la capacité de protéger le territoire (sécurité), la taille de la population....

Après avoir évalué les différents programmes appliqués et les réformes économiques initiées dans le pays depuis 1960, il nous invite à repenser la politique économique de la RDC.

En utilisant des simulations faites avec l'hypothèse d'un taux de croissance démographique annuel de 3,3 % considéré comme une tendance lourde, il s'interroge sur le réalisme des horizons 2030 et 2050 fixés par le Plan National Stratégique de Développement pour atteindre le statut de pays émergent, puis développé.

Au centre de la stratégie qu'il préconise pour un Congo émergent, il place la fiscalité qu'il considère, compte tenu du contexte actuel congolais (souci d'indépendance, épargne nationale faible..) comme source idéale de financement de l'émergence.

La collecte de l'impôt est difficile dans les pays en voie de développement en raison des moyens limités de l'administration fiscale, de la fréquence de la corruption et de l'importance de l'économie informelle qui rend particulièrement difficile une évaluation précise de la base fiscale.

Vu les difficultés de la collecte des impôts directs, en particulier l'impôt sur le revenu, les impôts indirects, en particulier les taxes douanières, occupent souvent une place centrale dans les dispositifs fiscaux. Mais celle-ci est appelée à diminuer avec l'ouverture des économies.

D'où l'équation fiscale des pays pauvres qui n'admet pas de solution simple : accroître les revenus prélevés sur des citoyens consentant, dans des pays de plus en plus ouverts, sans pénaliser les populations pauvres et sans créer des distorsions telles qu'elles freineraient la croissance économique.

Ces problèmes sont abordés par le professeur Emile NGOY KASONGO dans son ouvrage.

Il note notamment qu'avec la mondialisation et la tendance à la suppression des barrières (tarifaires, juridiques, etc.) les recettes douanières congolaises sont appelées à diminuer, voire à disparaître, ce qui réduira le potentiel fiscal du pays.

Il indique également que le secteur d'extraction, qui contribue énormément à la richesse nationale, est de plus en plus frappé par des chocs exogènes.

Autant de défis qui amènent l'auteur à s'interroger sur la nature des ressources à même de conduire le pays vers l'émergence.

J'ai eu le plaisir, il y a vingt ans -comme le temps passe...- de diriger, à l'Université de Paris-Est Créteil, la thèse de Doctorat de Mr Emile NGOY KASONGO, « Stratégie monétaire d'ajustement et dynamique de l'hyperinflation en RDC ».

Cette thèse, rapportée par les professeurs Christian de Boissieu et Pierre Maillet tous deux auteurs de livres de référence sur la politique économique, a obtenu la plus haute distinction : mention Très honorable avec les félicitations du jury.

Le nouvel ouvrage du Professeur Emile NGOY KASONGO « La Clé de l'émergence de l'économie congolaise », riche de sa grande connaissance des réalités économiques, sociales et politiques de la RDC et de ses profondes réflexions sur la stratégie adéquate à mener pour conduire son pays sur le chemin de la croissance et du développement durable, devrait intéresser, outre ses étudiants, les chercheurs, le monde professionnel et, tout spécialement, les responsables gouvernementaux qui y trouveront de nombreuses suggestions et propositions pour relever les défis auxquels doit faire face la RDC dans sa marche vers l'émergence.

Alain PICHOT
Professeur Emérite de Sciences économiques
Université de Paris-Est Créteil

INTRODUCTION

La problématique de l'émergence est au centre des efforts consentis par les gouvernements, à travers différents programmes des réformes économiques entrepris depuis plusieurs décennies en RDC. Force est de constater cependant que, depuis son accession à l'indépendance, la RDC fait face à des crises socio politiques et économiques.

En effet, le 30 juin 1960, le Congo accède à l'indépendance ; ce fut un moment de joie pour la population, qui sera hélas de très courte durée ; car, dès juillet 1960 s'en suivirent des sécessions (Katanga, Sud-Kasaï, etc.), l'assassinat de P.E. Lumumba (janvier 1961), des insurrections et rébellions jusqu'au coup d'Etat militaire de Mobutu [(1)] contre le Président Kasa -Vubu (le 24 *novembre 1965*). Durant cette période, soit de 1960 à 1965, le pays a sombré dans le chaos politique qui a détruit l'appareil économique avec comme conséquence l'inflation, la faible évolution de l'activité économique et le début de la crise d'endettement. Dès sa prise de pouvoir, Mobutu initie une série d'initiatives : changement de gouvernement, nationalisation des industries minières (1966), approbation d'une nouvelle constitution par referendum, publication de la Manifeste de la Nsele, instauration d'une politique d'austérité (FMI), réforme monétaire (1967), révision de la constitution du 24 juin 1967 (1970), etc. Sur la période suivante, 1966-1973 (les sept glorieuses), le pays va vivre une stabilité politique, une inflation modérée (20%) en moyenne annuelle) et une croissance économique réelle de l'ordre de 4,4%. Plusieurs facteurs expliquent ces performances

[1] Il va installer un régime révolutionnaire avec la mission d'unifier le pays, maintenir son intégrité et amorcer le processus de redémarrage économique.

économiques de l'époque, entre autres les efforts de redressement du gouvernement et l'augmentation des prix des principaux produits d'exportation (café et cuivre, entre 1968-1970).

A partir de 1974, le pays connaitra un marasme économique avec une inflation ouverte (29%), un ralentissement de la croissance (0.03%) et un accroissement significatif du stock de la dette publique. Plusieurs facteurs sont à la base de cette évolution. Au plan externe : le choc pétrolier de 1973 (quadruplement du prix de pétrole) et baisse des cours mondiaux des métaux (principalement le cuivre).

Au plan interne, les politiques économiques inappropriées (politique monétaire, politique financière, politique budgétaire et politique de change), le financement des éléphants blancs (cité de la RTNC, CCIZ, sidérurgie de Maluku, etc.), la corruption, l'échec de la Zaïrianisation (nationalisation) et la rétrocession.

Avec l'appui du FMI et de la Banque Mondiale, le pays va adopter, entre 1982-1989, les programmes d'ajustement structurel (PAS). Les mesures définies dans le cadre de ces programmes concernaient essentiellement le renforcement de la politique de gestion de la demande, la libéralisation de la politique financière et la réforme de la politique de change (passage du change fixe au change flottant). La gestion de la demande et les politiques de revenu ont été expansionnistes exerçant des fortes tensions sur les prix et la balance des paiements. Principalement, l'explosion des dépenses publiques est due à des dépenses de souveraineté. Malheureusement, ces programmes n'ont pas donné des résultats escomptés (accroissement de l'endettement, etc.), parce qu'inadaptés au contexte économique congolais. Les PAS ont produit des effets positifs non durables pour ce qui est de la balance des paiements et du budget de l'Etat, mais des résultats négatifs sur la croissance économique (Smith, S. (1991)). D'aucuns diraient que les PAS ont consacré une série de crises qui ont suivies.

L'on note, entre 1990-1997, une rupture du pays avec les milieux financiers (bailleurs bilatéraux) suite au processus de démocratisation de la RD Congo ; aux pillages (1991, 1993) ; à la désintégration de l'Etat et de l'économie nationale (1990-1997) ; aux guerres (1996, 1998) ; à l'extinction de la IIème république (mai 1997). Entre 1992-1995, période caractérisée par la transition vers la démocratie avec un régime de change contrôlé, c'est le déclin du Mobutisme (doctrine imposée par le parti unique MPR) ; et entre 1996-2001, c'est la période des grandes guerres qui ont sévi dans le pays. Durant cette dernière période, les politiques économiques allaient dans le sens d'offrir au gouvernement assez de devises pour financer la guerre(2) (Dömeland, D., Kabuya K. et Kid M. (2012)). La période 1990-2001 a été caractérisée par l'hyperinflation (9800% en 1994), la récession (taux de croissance moyen de - 4,5%), une forte incidence de la pauvreté (80%), un taux de chômage élevé (84%), une rapide dépréciation du taux de change (98%), des refinancements par la BCC des déficits insoutenables de l'Etat, et une instabilité institutionnelle (12 gouvernements de transition sur 10 ans). Comme toujours, après des tels moments d'instabilités politiques et de dégradation du tissu économique, les programmes économiques mis en place ont visé entre autres les réparations des dommages des guerres. Jusqu'à ce jour, l'économie congolaise est confrontée à des problèmes du passé, devenus structurels : la dépréciation de la monnaie, l'inflation, le recul de l'activité globale, la dollarisation et la paupérisation.

Signalons que les PAS, suite à leurs échecs malgré leur robustesse, ont été critiqués et ont obligé le FMI à lancer spécialement, en 1999, un fond nommé « Facilité pour la Réduction de la Pauvreté et de la Croissance /FRPC ». Ce fond devait aider les pays qui s'engageaient dans des réformes de

---

2L'on a assisté à la dégradation de la situation économique depuis 1990 (guerres) malgré diverses mesures prises par le gouvernement, basées sur le contrôle : contrôle de change, subvention des prix des produits pétroliers, marché de diamant monopolisé, etc. Conséquences : crise des produits pétroliers, chute des recettes du diamant, etc.

libéralisation à bénéficier de l'Initiative en faveur des Pays Pauvres Très Endettés/IPPE jusqu'à l'annulation de leur dette, ce qui devrait les aider à lutter contre la pauvreté. Cette initiative était conditionnée qu'ils élaborent un Document de la Stratégie de Réduction de la Pauvreté/DSRP (soit le document intérimaire DSRP-I, vu les difficultés rencontrées, en attendant un DSRP final). Le DSRP se doit de servir de référence à tous les programmes du gouvernement, plaçant la pauvreté au centre des préoccupations. C'est en Juin 2002 que le DSRP-I de la RDC est adopté par la communauté internationale ; et, en 2003, le budget du pays met l'accent sur la réduction de la pauvreté.

Les piliers du DSRP-I étaient : paix et bonne gouvernance ; stabilisation macroéconomique, réhabilitation et croissance pro-pauvre ; et, dynamique communautaire (Kalonji, N. (2003)).

Entre 2001-2005, le pays enregistre une reprise économique grâce à la mise en œuvre des programmes de stabilisation (traitement de chocs) : le Programme Intérimaire Renforcé/PIR (*Mai 2001 à Mars 2002*) et le Programme Economique du Gouvernement (*Avril 2002 à Juillet 2005*). Le PIR est un programme test, ayant bénéficié d'un appui technique du FMI et assistance de la Banque Mondiale/BM, pendant que le PEG a bénéficié de l'appui financier du FMI (FRPC). Les objectifs fixés dans ces programmes (similaires) furent : *Casser l'hyperinflation, libéraliser l'économie (l'ouvrir à l'extérieur), créer un environnement plus favorable à l'initiative privée et jeter les bases de la reconstruction économique du pays (croissance forte et durable)*. Le PIR et le PEG ont réussi à stabiliser les agrégats monétaires et budgétaires, mais ont été loin d'améliorer les conditions sociales des populations (se soigner, se vêtir, se nourrir trois fois/jour, scolariser ses enfants, etc.).

Ces programmes ont souffert de leur mise en œuvre (suivi et continuité) ; car, entre 2005-2008 déjà, c'est la transition démocratique (progrès limités pour poursuivre avec les réformes). Et, la période 2008-2009 se caractérise par la crise économico-financière internationale dont les effets ont joué négativement sur l'économie congolaise (perte de près de 600.000 emplois en RDC, etc.) qui n'a pas résisté au choc.

Durant la période 2009-2010, le pays réalise une stabilisation économique, atteint le point d'achèvement de l'initiative PPTE et bénéficie de l'annulation de ses dettes. Pendant cette période, la démocratie est le régime politique, et le régime de change était flottant.

Sur la période 2002-2013, le pays connait une relance de la croissance, l'hyperinflation est cassée (17% en moyenne), le chômage a baissé (de 84% à 40% en moyenne), et la pauvreté a reculé (de 80% à 63%). Les facteurs à la base sont : *la reprise de la coopération bilatérale et multilatérale ; la mise en place des politiques économiques conjoncturelles restrictives et de certaines réformes structurelles (chaine de dépense, indépendance de la BCC, liquidation des banques en difficulté, partenariat public-privé dans le secteur minier, guichet unique au port de Matadi) ; etc.*

De 2010 à 2015, il s'observe une consolidation des résultats des années précédentes obtenus (stabilisation macro-économique) et une relance économique. Le pays a enregistré une croissance de 8% (moyenne annuelle) et une faible inflation de 5% (moyenne annuelle). La discipline budgétaire (dépenses de qualité), couplée à d'autres réformes en sont la cartouche.

Malgré ces performances, face aux chocs endogènes (dépenses électorales, les guerres et soulèvements populaires à divers lieux, etc.) et exogènes (baisse des cours des matières premières), des problèmes (défis) persistent à ce jour :

- La Normalisation de la situation à l'Est et au Centre du pays (insécurité) ;
- L'accroissement des réserves de change (le niveau est bas à ce jour) ;
- La dollarisation couplée à l'instabilité du taux de change (ce qui alimenterait des pressions inflationnistes) ;

- La fragilité du système financier (des banques en risque de faillite) ;
- L'accès au marché d'emploi des jeunes et femmes surtout ;
- Le manque d'infrastructures de qualité ;
- L'accroissement des recettes (mise en place de la chaîne de la recette, informatisation intégrée des régies, etc.) pour faire face aux dépenses électorales ;
- La diversification économique pour un Congo résiliant et moins fragile ;
- L'émergence économique d'ici 2030
- Le développement d'ici 2050
- Etc.

La question de l'émergence de la RDC se pose de plus en plus et intéresse les décideurs politiques tant sur le plan national qu'international. Dans la littérature, on attend d'un pays émergent un fort niveau de richesse (un PIB par tête moyen inférieur à 70% de celui des pays de l'OCDE), une forte intégration à l'économie internationale sur le plan commercial et financier, ce qui suppose une forte industrialisation du pays (Rapport CEPII). Les pays émergents sont des pays en développement au départ, qui ont mené une série des réformes dont la stabilisation des comptes publics (Nouveaux Pays Industrialisés d'Asie/NPIA, Pays d'Europe Centrale et Orientale/PECO, quelques pays de l'Amérique latine et de l'Afrique du sud).

En devenant émergente d'ici 2030 (objectif fixé par les autorités), avec un PIB par tête entre usd 4000 et 5.000, la RDC pourra rattraper sa position antérieure de moteur de l'Afrique dont elle en est la gâchette. Pour ce faire, elle devrait maintenir une forte croissance à deux chiffres sur une longue période (supérieur à 11%). Il lui faut un PIB par tête de plus de usd 10.000 si elle aspire à un développement d'ici 2050. A ce jour, la RDC est encore un pays à revenu faible (PIB par tête à moins de usd 1050), pourtant doté en ressources naturelles et en capital. Ses quatre voisins sont des pays à revenu intermédiaire (PIBH entre usd 1050 et 5000) et n'ont pas une telle dotation, *d'où la question de la clé de l'émergence de la RDC*. L'histoire économique récente du pays (depuis 1960), riche en enseignements, fonde la thèse selon laquelle « la stabilité politique, institutionnelle et macroéconomique sont une garantie pour une RD Congo émergente, et développée ». De façon spécifique, la question devrait porter surtout sur le contenu de la politique économique congolaise à même d'assurer l'émergence économique du pays, toutes autres choses étant égales par ailleurs. Ici, le contenu de la politique économique actuelle ne parait pas être favorable à l'émergence du pays. Cette politique, *caractéristique des économies en développement et héritée de la structure économique de la colonie belge*, tourne essentiellement autour de deux secteurs qu'elle entretient soigneusement : l'import-export et la consommation des biens de luxe. Une telle articulation de la politique économique rend cette dernière plus passive et réactive qu'offensive, et est à la base de tous les maux qui gangrènent le pays depuis 1960 : chômage, dollarisation, inflation, faible niveau de l'activité économique, modicité de salaires, inégalités sociales, pauvreté, etc.

De concert avec le Professeur Kabeya Tshikuku[3], nous estimons que les efforts de la politique économique devraient aller dans le sens de relancer le secteur de production de biens capitaux (investissement en capital physique et humain) qui, par ricochet va influer sur la consommation de masse (demande intérieure) avec comme corollaire : l'emploi de masse, l'accroissement de la production nationale, l'accroissement des recettes fiscales, la croissance économique, etc. Puisque les modalités techniques de production imposent les modes de production, il faudra organiser et financer la production nationale en tenant compte des spécificités des villes (provinces) pour plus d'efficacité et efficience. L'on notera qu'il n'y a pas

3 Professeur à l'Université de Kinshasa.

de développement sans croissance, aucune croissance n'est envisageable sans production nationale, et celle-ci n'est pas possible sans qu'il n'ait relation d'hommes à hommes ou celle qui lie l'homme à la nature. Une croissance durable est soutenue par la classe moyenne d'affaires locales dont la richesse est réinvestie dans le pays.

De ce qui précède, pour le cas de la RDC, nous estimons qu'une croissance durable et soutenue n'est possible que si les contraintes structurelles et conjoncturelles d'une part, et d'autre part, les contraintes internes et externes sont écartées ou résolues en grande partie. En fait, pour certains, à l'instar de MUTINGA M. (2010, P. 17)), depuis 1960 (la date marquant l'accès du pays à la gestion des nationaux) jusqu'à ce jour, il y a plus de cinquante-sept ans de « navigation à vue ».

Notre analyse s'articule autour de quatre chapitres. Au premier chapitre, nous passons en revue la situation socio-économique du pays depuis 1960, dans une approche multisectorielle ; le deuxième chapitre se soucie d'analyser l'efficacité des politiques ou programmes économiques appliqués dans le pays depuis 1960, en mettant en avant-plan leurs forces et faiblesses ; au troisième chapitre, nous discutons des perspectives, si pas de la clé de l'émergence du pays ; et, le dernier chapitre est consacré aux analyses et quelques évidences empiriques desquelles découleront des propositions et recommandations pour un Congo émergent.

***

CHAPITRE I

SITUATION SOCIO-ECONOMIQUE DEPUIS 1960 : Une analyse multisectorielle

Le PIB/h de la RDC passe de USD 377 en 1956 à usd 68 en 2000[4] (exprimé en usd 1987) : ceci dénote le rétrécissement de la taille de l'économie nationale, et avec lui la baisse des moyens de l'Etat, la réduction de la densité du gouvernement (*sa présence sur l'espace national et sa capacité à répondre aux besoins de base des populations se réduisent*).

L'économie Congolaise doit, en grande partie, le rétrécissement de sa taille à l'instabilité politique (*elle crée l'insécurité des personnes et des biens*) qui a joué négativement sur l'investissement et le maintien des capacités installées. Les conséquences ne sont pas exhaustives : accroissement de l'inflation (financement monétaire des déficits d'un Etat qui doit faire face à la guerre) et de la dette, dévaluation monétaire, amplification du secteur informel, contraction économique, etc. Pour mieux analyser l'évolution de la situation socio-économique en RDC depuis 1960, nous organisons ce chapitre en quatre sections. La première section présente les différents chocs endogènes et exogènes qui ont influé sur la situation socio-économique du pays depuis 1960, tant positivement que négativement ; dans la deuxième section, nous faisons une analyse multisectorielle de la situation économique du pays depuis 1960 ; la troisième section est consacrée à l'analyse des conditions sociales en RDC depuis 1960 ; et, à la dernière

4 En 2008, le PIB par tête de la RDC a été 3,4 fois inférieur à son niveau de 1960 (Kabuya, K. et Kimbambu, T. (2012)).

section, il est présenté les problèmes auxquels est confrontée l'économie congolaise, et des avancées de nos jours.

1.1. Panorama des chocs endogènes et exogènes

Analysant la dynamique du PIB en RDC depuis 1960 pour en dégager les faits stylisés, Kabuya K. et Kimbambu T. (2012) retracent les différents chocs qu'a traversés le pays depuis 1960, en dégageant les impacts dans les sphères sociales, économiques, politiques et juridiques du pays, et les classent suivant leur nature :

- Les chocs sécuritaires, les différents mouvements qui ont touché à la sécurité tant intérieure qu'extérieure du pays : les sécessions, rébellions, coup d'Etat, mutinerie, guerre, émeutes, exactions, insurrections, assassinats, affrontements armés, altercations, etc.
- Les chocs constitutionnels, les décisions qui ont modifié l'organisation des pouvoirs (législatif, exécutif ou judiciaire) : modification ou révision de la loi fondamentale (la constitution), adoption d'une constitution de transition, décret-loi constitutionnel, etc.
- Les chocs sur les équilibres macroéconomiques, concernant des décisions ou phénomènes qui apportent des changements tendanciels des agrégats macroéconomiques dans leur évolution : niveau général des prix, stock de la dette, changement de régime de change, crise financière, etc.
- Les instabilités politiques, concernant des décisions ou évènements qui ont influé sur l'organisation politique du pays : changement de gouvernement, conflit entre président et premier ministre, etc.

De ce qui précède, les auteurs relèvent ce qui suit :

- La RDC a été plus victime des chocs négatifs que positifs ayant détruit son appareil économique (64,52% de principaux chocs sécuritaires ont joué négativement sur les fondamentaux de l'économie, et donc sur le bien-être collectif) ;

- Mobutu a décuplé ses efforts (*recours au pouvoir exécutif et aux forces armées*) pour renforcer son pouvoir entre 1965 et 1997, pendant 32 ans. Ainsi, rien ne devrait étonner qu'il ait battu le record de chocs constitutionnels durant son règne ;
- Entre 1960-2010, la RDC a enregistré 32 changements de gouvernement, sans compter les remaniements dans la composition de différents gouvernements ;
- La RDC n'a pas échappé aux effets des différents chocs exogènes d'origine interne comme externe ;
- En 2012, la RDC devrait réaliser un taux de croissance du PIB par habitant de 10% pour espérer retrouver le niveau de son PIB par tête de 1960. Pour y arriver, il lui aurait fallu 12 ans, 8 mois et 15 jours ;
- Grâce à un test de séquence pour vérifier le caractère aléatoire ou non des chocs qu'a connus le pays, il se dégage que ces différents chocs ne sont pas indépendants des actes posés et décisions prises par les acteurs politiques et économiques congolais, ces derniers en sont responsables (*du moins pour les chocs endogènes*). Toutefois, ces acteurs ne cessent de multiplier leurs efforts pour rétablir les fondamentaux de l'économie secoués par l'histoire (crise d'endettement, échecs des PAS et de nombreuses politiques gouvernementales, pressions inflationnistes, chocs, etc.) : ils ont redynamisé l'outil de production et préserver une relative stabilité durant la décennie 2000, ils ont atteint le point d'achèvement de l'initiative PPTE en 2010, etc.

Ci-dessous, le répertoire des chocs qu'a connus le pays entre 1960-2010 et leurs impacts :

Tableau 1.1 : Les principaux chocs sécuritaires en RDC (1960-2010) et leurs impacts sur l'ensemble du pays

Périodes		**Faits/chocs**	**Impacts**
Mois	***Années***		
Juillet	1960	Sécession katangaise	Négatif
Août	1960	Sécession du Sud-Kasaï	Négatif
Septembre	1960	Suspension des institutions par les forces armées	Négatif
Janvier	1961	Assassinat de Patrice E. Lumumba	Négatif
	1961	Mort du secrétaire de l'ONU dans un crash d'avion (Dag Hammarskjöld)	
Janvier	1963	Fin de la Sécession katangaise	Positif
1963-1965		Insurrection muléliste (troubles sur ¾ du pays)	Négatif
	1964	Rébellion d'inspiration communiste	Négatif
Novembre	1965	Coup d'Etat militaire contre le Président Kasa-Vubu	Négatif
Juillet	1966	Rébellion à Kisangani	Négatif
Juillet	1967	Mutinerie à Kisangani	Négatif
	1969	Mouvements sociaux de grèves et de protestations	Négatif
	1971	Mouvements sociaux de grèves et de protestations	Négatif
	1977	1ère guerre de Shaba	Négatif
Mai	1978	2ème guerre de Shaba	Négatif
	1986	Grands mouvements des étudiants	-
	1990	Mouvements des étudiants et troubles ethniques au Shaba (Katanga)	Négatif
Septembre	1991	Emeutes et pillages	Négatif
	1993	Exactions ; pillages et troubles ethniques (nord kivu, etc.)	Négatif
Juillet	1994	Arrivée masse des réfugiés à l'est du pays, venant du Rwanda	Négatif
	1996	Massacre de Tutsi zaïrois	Négatif
Novembre	1996	Début rébellion à l'Est du pays, impulsé par le Rwanda et Ouganda (1ère guerre du Congo)	Négatif
Mai	1997	Fin rébellion de 1996	Positif
Août	1998	Début nouvelle rébellion à l'Est du pays (2ème guerre du Congo, soit 1ère guerre mondiale africaine)	Négatif
Juillet	1999	Ratification accord cessez-le-feu à Lusaka entre RDC, parties rebelles et alliés	Positif
Novembre	1999	Mission de l'ONU en RDC pour supervision du cessez-le-feu (environ 5.500 hommes)	Positif
Juin	2000	Guerre de Kisangani (guerre de six jours)	Négatif
Janvier	2001	Assassinat du Président Laurent D. Kabila	Négatif
Octobre	2001	Dialogue inter-congolais à Addis-Abeba	Positif
Avril	2002	Formalisation accord de Sun City	Positif
Juillet	2002	Accord de paix entre RDC et Rwanda (à Pretoria)	Positif
Septembre	2002	Accord de paix entre RDC et Ouganda (à Luanda)	Positif
Décembre	2002	Accord de Gbadolite signé par trois groupes rebelles (MLC, RDC-ML et RCD-N) pour arrêt de combat et venue	Positif

		des observateurs de l'ONU	
Avril	2003	Accord global et inclusif de Pretoria ratifié à Sun City	Positif
Juin	2003	Fin officielle de la 2ème guerre du Congo	Positif
2003-2008		Plusieurs affrontements armés entre différentes factions : Combats à Bunia, Guerre de l'Ituri, Bataille de Mushake, Guerre de Kivu, Combats dans la région de Sake	Négatif
Mars	2007	Altercation entre forces de Kabila et celles de Bemba (bombardements, incendies et combats de rue à Kinshasa	Négatif
Janvier	2009	Opération militaire à l'Est du pays entre RDC et Rwanda pour rétablir le paix.	Négatif

Source *:* Kimbambu T. et Kabuya K. (2012)

Tableau 1.2 : Les principaux chocs institutionnels en RDC (1960-2010)

Périodes		
Mois	***Années***	**Chocs**
Juin	1960	Loi fondamentale
Août	1964	Promulgation de la constitution de Luluabourg
Juin	1966	Promulgation sous forme d'ordonnance-loi de la loi Bakajika
Juin	1967	Approbation d'une nouvelle constitution par referendum (98% des votants)
Décembre	1970	Révision constitution du 24 juin 1967
Août	1974	Consécration du mobutisme comme doctrine du MPR (révision de la constitution du 24 juin 1967)
Mai	1990	Révision constitutionnelle (autorisation du multipartisme)
Avril	1994	Acte constitutionnel de la transition
Mai	1997	Décret-loi constitutionnel du 27 mai 1997 (mise en veilleuse de l'acte constitutionnel de la transition de 1994)
Novembre	1998	Acte constitutionnel de la transition
Avril	2002	Adoption de la constitution de transition
Avril	2003	Promulgation de la constitution de transition
Décembre	2005	Adoption de la constitution de la 3ème République par référendum
Février	2006	Promulgation constitution de la 3ème République

Source : Kimbambu T. et Kabuya K. (2012)

Tableau 1.3 : Les principaux chocs exogènes en RDC et leur impact (1960-2016)

Périodes		Chocs	Impacts
Mois	*Années*		
1967-1972		Hausse de prix du café, du cuivre et autres	Positif
1973-1974		1er choc pétrolier et baisse des cours mondiaux de métaux	Négatif
1979-1981		2ème choc pétrolier	Négatif
-	1989	Fin de la guerre froide	Négatif
-	1990	* Baisse cours métal rouge * Effondrement mine de Kamoto	Négatif
Janvier	2002	Eruption volcanique	Négatif
2006-2007		Floraison de cours mondiaux de minerais	Négatif
2008-2009		Crise financière Internationale	Négatif
2016		Baisse des cours des matières premières (cuivre, pétrole, etc.)	Négatif

Source : Kimbambu T. et Kabuya K. (2012)

Tableau 1.4. : Les principaux chocs sur les équilibres macroéconomiques en RDC (1960-2010)

Périodes		Chocs	Impacts
Mois	Années		
1960-1967		Inflation de la décennie 1960	Négatif
1960-1983		Régime de change Fixe	-
Novembre	1961	1ère Réforme monétaire	Positif
1965-1969		Stock de la dette extérieure multipliée par 4.97 fois	Négatif
-	1966	Nationalisation des industries minières	Négatif
Juin	1967	* 2ème réforme monétaire * le FMI instaure une politique d'austérité et musclée	Positif
1969-1970		Stock de la dette passe de usd 159 à usd 342 millions	Négatif
-	1971	Crise financière	Négatif
1971-1973		Stock de la dette passe de usd 0,67 à usd 1,04 milliards	Négatif
1973-1979		Dette augmente régulièrement d'à peu près usd 700 millions par an	Négatif
Novembre	1973	Zaïrianisation (nationalisation)	Négatif
1979-1983		Décélération accroissement dette publique	Négatif
		* service de la dette dépasse 50% du budget	

1983-1990		national au détriment des services sociaux ; * Progression accroissement dette publique d'à peu près usd 100 millions par an	Négatif
Septembre	1983	Révolution libérale de 1983 (3ème réforme monétaire)	Positif
1983-1989		Politique d'ajustement économique et financier (FMI et BM)	Positif
1983-2001		Régime de change contrôlé	Négatif
-	1989	Rupture du PAS	Négatif
1990-1999		Inflation institutionnelle de la décennie 1990	Négatif
Octobre	1993	4ème réforme monétaire	Négatif
-	1995	Programme de désinflation rapide (baisse inflation et croissance positive)	Positif
Juin	1998	5ème réforme monétaire	Positif
Février	2001	* Reprise des programmes avec les institutions de Bretton-Woods et libéralisation de l'économie ; * 3ème changement de régime de change (régime de change flottant)	Positif
Juin	2005	Non atteinte du point d'achèvement de l'initiative PPTE	Négatif
Juin	2010	Atteinte du point d'achèvement de l'initiative PPTE	Positif

Source : Kimbambu T. et Kabuya K. (2012)

Tableau 1.5 : Les instabilités politiques en RDC (1960-2016)

Périodes		**Chocs institutionnels**
Mois	***Années***	
30 Juin	1960	Accession du pays à l'indépendance et à la souveraineté nationale
	1960	Conflit entre le Président Kasa-vubu et le 1er Ministre P.E. Lumumba
12 Septembre	1960	Changement de gouvernement : nomination du gouvernement Iléo I
19 Septembre	1960	Changement de gouvernement : Mise en place d'un collège de commissaires généraux
Février	1961	Changement de gouvernement : nomination du gouvernement Iléo II
Août	1961	Changement de gouvernement : nomination du gouvernement Adoula
Septembre	1964	Changement de gouvernement : nomination du

		gouvernement Tshombe
	1964	Conflit entre le Président Kasa-vubu et le 1er Ministre Tshombe
Octobre	1965	Changement de gouvernement : nomination du gouvernement Kimba
Novembre	1965	* Prise du pouvoir par Mobutu, après un coup d'Etat * Changement de gouvernement : nomination du gouvernement Mulamba
Octobre	1966	Changement de gouvernement : nomination d'un conseil exécutif
Avril	1967	Création du MPR (parti unique avec emprise pour sur les niveaux du pouvoir)
Mai	1967	Publication de la manifeste de la Nsele (Mobutisme). Les thèmes principaux sont : Nationalisme, Révolution et Authenticité
Décembre	1970	Instauration régime politique du parti unique
Juillet	1974	Changement de gouvernement : nomination du conseil exécutif MpingaKasenda
Août	1974	Consécration du Mobutisme comme doctrine du MPR
Mars	1979	Changement de gouvernement : nomination du conseil exécutif Bo-Boliko
Août	1980	Changement de gouvernement : nomination du conseil exécutif Nguza
Avril	1981	Changement de gouvernement : nomination du conseil exécutif Untube
Novembre	1982	Changement de gouvernement : nomination du conseil exécutif Kengo I
Octobre	1986	Changement de gouvernement : nomination du conseil exécutif (-)
Janvier	1987	Changement de gouvernement : nomination du conseil exécutif (Mabi)
Mars	1988	Changement de gouvernement : nomination du conseil exécutif Sambwa
Novembre	1988	Changement de gouvernement : nomination du conseil exécutif Kengo II
Mai	1990	* Autorisation du multipartisme

		* Changement de gouvernement : nomination du gouvernement Lunda Bululu
Avril	1991	Changement de gouvernement : nomination du gouvernement Lukoji
Septembre	1991	Changement de gouvernement : nomination du gouvernement Tshisekedi I
1er Novembre	1991	Changement de gouvernement : nomination du gouvernement MungulDiaka
25 Novembre	1991	Changement de gouvernement : nomination du gouvernement Nguza
-	1992	Conférence Nationale
Août	1992	Changement de gouvernement : nomination du gouvernement Tshisekedi II
Mars	1993	Changement de gouvernement : nomination du gouvernement Birindwa
Juillet	1993	Changement de gouvernement : nomination du gouvernement Kengo
2 Avril	1997	Changement de gouvernement : nomination du gouvernement Tshisekedi III
9 Avril	1997	Changement de gouvernement : nomination d'un gouvernement de salut national
Mai	1997	* Chute régime Mobutu * L.D. Kabila se proclame Président de la RDC * Installation gouvernement de salut public
Janvier	2001	Changement de gouvernement : nomination d'un gouvernement de salut public
Juin	2002	Changement de gouvernement : gouvernement de la transition
23 Avril	2003	Début mise en place institutions politiques de la transition
Juillet	2006	Elections présidentielles
Novembre	2006	Proclamation du second tour des élections présidentielles avec J. Kabila comme vainqueur
Février	2007	Changement de gouvernement : nomination du gouvernement Gizenga
Octobre	2008	Changement de gouvernement : nomination du gouvernement Muzito

Avril	2012	Changement de gouvernement : nomination du gouvernement Matata
Novembre	2016	Dialogue dans la cité de l'OUA pour repousser les élections
Décembre	2016	Dialogue dans le centre interdiocésain pour amender l'accord de l'OUA
19 Décembre	2016	Changement de gouvernement : nomination du gouvernement Badibanga

Source : Kimbambu T. et Kabuya K. (2012)

Tableau 1.6 : Chocs annuels dominants en RDC (1960-2010)

Années	*Chocs annuels dominants*	*Impacts*
1960	Accession à l'indépendance ; sécession katangaise ; suspension des institutions par les forces armées	Négatif
1961	Assassinat de P.E. Lumumba ; changement de gouvernement ; réforme monétaire	Négatif
1962	Inflation, sécession katangaise	Négatif
1963	Fin de la sécession katangaise	
1964	Rébellion d'impulsion communiste ; promulgation de la constitution de Luluabourg ; changement de gouvernement	Négatif
1965	Coup d'Etat, changements de gouvernement ; début de la crise d'endettement	Négatif
1966	Rébellion à Kisangani ; promulgation de la loi de Bakajika ; changement de gouvernement ; nationalisation des industries minières	Négatif
1967	Mutinerie à Kisangani ; approbation d'une nouvelle constitution par referendum ; publication de la manifeste de la Nsele ; instauration, par le FMI, d'une politique d'austérité et musclée ; réforme monétaire ; hausse de prix du café, du cuivre et autres	Positif
1968	Floraison de prix du café, du cuivre et autres	Positif
1969	Floraison de prix du café, du cuivre et autres ; accroissement significatif du stock de la dette publique extérieure	Positif
1970	Floraison de prix du café, du cuivre et autres ; révision de la constitution du 24 Juin 1967	Positif
1971	Crise Financière	Négatif
1972	Accroissement significatif du stock de la dette publique	Négatif

	extérieure	
1973	Choc pétrolier et baisse des cours mondiaux de métaux	Négatif
1974	Zaïrianisation ; choc pétrolier et baisse des cours mondiaux de métaux ; consécration du Mobutisme comme doctrine du MPR ; changement de gouvernement ; augmentation régulière du stock de la dette publique extérieure	Négatif
1975	Augmentation régulière du stock de la dette publique extérieure ; effet à retardement du choc pétrolier	Négatif
1976	augmentation régulière du stock de la dette publique extérieure ; effet à retardement du choc pétrolier	Négatif
1977	Guerre de Shaba	Négatif
1978	Guerre de Shaba	Négatif
1979	Choc pétrolier	Négatif
1980	Effet à retardement du 2ème choc pétrolier ; changement de gouvernement ; décélération de l'augmentation de la dette publique	Négatif
1981	Effet à retardement du 2ème choc pétrolier ; changement de gouvernement ; décélération de l'augmentation de la dette publique	Négatif
1982	Changement de gouvernement ; décélération de l'augmentation de la dette publique	Négatif
1983	Fin du régime de change fixe ; crise d'endettement ; politique d'ajustement économique et financier ; réforme monétaire ; début du régime de change contrôlé	Positif
1984	Politique d'ajustement économique et financier ; hyperinflation	Positif
1985	Politique d'ajustement économique et financier	Positif
1986	Politique d'ajustement économique et financier ; changement de gouvernement	Positif
1987	Politique d'ajustement économique et financier ; changement de gouvernement	Positif
1988	Politique d'ajustement économique et financier ; changement de gouvernement	Positif
1989	Rupture du PAS ; crise d'endettement ; fin de la guerre froide	Négatif
1990	Troubles ethniques du Shaba (Katanga) ; effondrement de la mine de Kamoto ; autorisation du multipartisme ; changement de gouvernement	Négatif
1991	Emeutes et pillages ; changement de gouvernement ; inflation à 4 chiffres	Négatif
1992	Conférence nationale ; changement de gouvernement ;	Négatif

	inflation à 4 chiffres	
1993	Exactions ; pillages et troubles ethniques (nord kivu) ; réforme monétaire ; changement de gouvernement ; inflation à 4 chiffres	Négatif
1994	Acte constitutionnel de la transition ; Arrivée massive des réfugiés à l'Est provenant du Rwanda ; inflation à 4 chiffres	Négatif
1995	Programme de désinflation rapide ; baisse de l'inflation ; croissance positive	Positif
1996	Massacre de Tutsi zaïrois ; début de la 1ère guerre du Congo	Négatif
1997	Fin de la 1ère guerre du Congo ; mise en veilleuse de l'acte constitutionnel de la transition de 1994 ; chute du régime de Mobutu ; changement de gouvernement	Positif
1998	Début de la 2ème guerre du Congo ; acte constitutionnel de la transition de Novembre 1998	Négatif
1999	Ratification d'un accord de cessez-le-feu à Lusaka	Positif
2000	Guerre de six jours	Négatif
2001	Assassinat du Président L.D. Kabila ; dialogue inter-congolais à Addis-Abeba ; changement de gouvernement ; libéralisation de l'économie ; reprise de programme avec les institutions de Bretton-Woods ; fin du régime de change contrôlé et adoption du régime de change flottant	Positif
2002	Formalisation de l'accord de Sun City ; signature de l'accord de Luanda ; signature de l'accord de Gbadolite ; adoption de la constitution de transition ; changement de gouvernement ; éruption volcanique	Positif
2003	Ratification de l'accord global et inclusif de Pretoria ; fin formelle de la 2ème guerre du Congo ; promulgation de la constitution du Congo	Positif
2004	Affrontements armés entre différentes factions	Négatif
2005	Non atteinte du point d'achèvement de l'initiative PPTE ; adoption de la constitution de la 3ème République par referendum	Négatif
2006	Promulgation de la constitution de la 3ème République ; élections présidentielles	Positif
2007	Floraison des cours mondiaux de minerais ; incendies, combats de rue à Kinshasa ; changement de gouvernement	Positif
2008	Floraison des cours mondiaux de minerais ; changement de gouvernement	Positif

2009	Crise financière international	Négatif
2010	Atteinte du point d'achèvement de l'initiative PPTE	Positif

Tableau 1.7 : Détection de la thérapie de choc en RD Congo (1960-2016)

Ière République		
	1960-1965 ***Fragilités post-indépendance***	***1966-1973*** ***Instauration du Mobutisme***
Régime de change	Fixe	Fixe
Type de pouvoir	Démocratie	Dictature
Niveau d'activités (évolution)	Faible (dent de scie)	Faible (croissance)
II ème République		
	1974-1982 ***Grands travaux***	***1983-1991*** ***Ajustement structurel***
Régime de change	Fixe	Fixe
Type de pouvoir	Dictature	Dictature
Niveau d'activités (évolution)	Faible (décroissance)	Faible (en courbe de Laffer)
TRANSITION 1		
	1992-1995 ***Déclin du Mobutisme***	***1996-2001*** ***Grandes guerres du Congo***
Régime de change	Contrôlé	Contrôlé
Type de pouvoir	Transition vers la démocratie	Transition vers la démocratie
Niveau d'activités (évolution)	Très faible (décroissance)	Très faible (décroissance)
	TRANSITION 2	**IIIème République**
	2002-2005	***2006-2011***

	Traitement de chocs	*Grands travaux, réformes*
Régime de change	Flottant	Flottant
Type de pouvoir	Démocratie	Démocratie
Niveau d'activités (évolution)	Très faible (croissance)	Faible (croissance)
	III ème République	
	2012-2016 Réformes	
Régime de change	Flottant	
Type de pouvoir	Démocratie	
Niveau d'activités (évolution)	Relance de la croissance	

Source : Kimbambu T. et Kabuya K. (2012)

Les principaux chocs sécuritaires répertoriés ci-haut ont eu une incidence négative sur l'ensemble de secteurs d'activités du pays en général, et l'activité économique en particulier. Les sécessions, les insurrections, les guerres, les coups d'Etat ont eu pour effet de fragiliser la jeune économie qui n'était basée, après la colonisation, que sur les grandes entreprises d'Etat et les étrangers. Ces chocs peuvent être regroupés en deux parties. La première, de 1960 jusqu'aux années 1990, est caractérisée par des insécurités : guerres, sécessions, soulèvements internes. Dans la seconde partie, des années 1990 à 2010 et au-delà, il y a non seulement des problèmes internes, mais le début des guerres d'agressions et des rébellions instiguées par les forces extérieures.

Les principaux chocs institutionnels depuis 1960 jusqu'à ce jour sont caractérisés par une instabilité institutionnelle, un jeu d'essai erreur. La première crise institutionnelle, née suite aux différends entre le premier ministre Patrice Emery Lumumba et le Président de la République Joseph Kasa-Vubu, a trouvé son point de départ à l'interprétation des dispositions de la Loi fondamentale dans laquelle le premier avait la possibilité de démettre le second, et vice-versa.

Depuis lors, la stabilité institutionnelle est au cœur de la stabilité économique. La stabilité des institutions fortes est donc au cœur du progrès comme l'affirme Guy Sorman (2008, p. 18) : « *l'évolution ou le progrès que connait le monde actuellement est la compréhension heureuse de moteur de la croissance..., des institutions stables, des Etats honnêtes* ». La qualité et la quantité des institutions sont les facteurs déterminants et au cœur du développement ; ce qui a été difficilement mis en œuvre en RDC durant les cinquante-sept ans de son indépendance. L'héritage institutionnel de la colonisation et la qualité des ressources humaines censées être gérées par l'appareil économique en sont quelques explications.

<u>Les Gouvernements et les performances économiques en RDC</u>

L'enquête du Centre d'analyses et d'études « LAREQ [(5)] » renseigne sur la relation gouvernements et performances économiques en RDC, à travers le temps et les régimes.

---

[5]LAREQ : Laboratoire d'Analyse-Recherche en Economie Quantitative (www.lareq.com). Suivant le critère de longévité, seuls les gouvernements ayant exercés leur mandat pendant plus d'une année ont fait l'objet d'analyse.

Tableau 1.8 : Gouvernements et performances économiques en RDC

Gouvernements	Périodes	PIB par tête/usd	Taux de Croissance %	Taux d'inflation%	Croissance démographique%
Cyrille Adoula	1961-1964	399,06	-4,65	43,23	2,61
Moise Tshombe	1965	403,44	4,11	8,50	2,76
Léonard Mulamba	1966	402,13	2,50	26,10	2,83
Honoré Mpinda Kasenda	1977-1978	359,65	-2,44	65,35	2,90
Bo-Boliko Lokonga Mihambo	1979-1980	333,62	1,05	67,90	2,80
Joseph Untube N'singa Udjuu	1982	321,95	-0,45	35,30	2,61
Léon Kengo Wa Dondo (I)	1983-1986	355,32	3,04	48,38	2,68
Evariste Mabi Mulumba	1987	383,12	2,68	99,50	2,82
Jules Fontaine Sambwa PidaNbangui	1988	390,96	0,57	121,50	2,96
Léon Kengo Wa Dondo (II)	1989	390,00	-1,36	95,80	3,21
Vincent de Paul Lunda Bululu	1990	368,28	-6,57	233,20	3,51
Léon KengoWa Dondo (III)	1994-1997	247,41	-2,42	2718,48	2,94
Antoine Gizenga	2007-2008	313,47	6,25	18,75	2,86
Adolphe Muzito	2009-2011	353,34	5,63	26,20	2,82
Augustin Matata Ponyo	2012-2016	493,20	8,00	2,34	3,09

Ne considérant que ces indicateurs-là, l'on sait voir que la tendance à la stabilisation sur le long terme commence avec Cyrille Adoula, en passant par Moise Tshombe, Leonard Mulamba, ainsi que Mabi Mulumba et Kengo, pour ne considérer que la période d'avant 1990. Puis la descente aux enfers ; et les premiers efforts de redressement sont visibles avec Muzito en 2010 avec l'atteinte du point d'achèvement de l'initiative PPTE, et vont culminer avec le gouvernement Matata. En effet, entre 2012-2016, comme on peut le constater dans le tableau ci-haut : (i) l'inflation est maitrisée, (ii) la croissance économique atteint des records sur les deux dernières décennies, avec notamment 9,5% en 2014. Quant au PIB par enfers ; et les premiers efforts de redressement sont visibles avec Muzito en 2010 avec l'atteinte du point d'achèvement de l'initiative PPTE, et vont culminer avec le gouvernement Matata. En effet, entre 2012-2016, comme on peut le constater dans le tableau ci-haut : (i) l'inflation est maitrisée, (ii) la croissance économique atteint des records sur les deux dernières décennies, avec notamment 9,5% en 2014. Quant au PIB par habitant, il atteint une moyenne de 493,20 USD contre un creux de 247,41 USD entre 1994 -1997.

Ces résultats portent la marque de quelques mesures phares, notamment la :

- *Rationalisation des dépenses publiques par la recherche de la qualité et de l'allocation efficace ;*
- *Bancarisation de la paie des agents et fonctionnaires de l'Etat qui a permis de mettre fin au phénomène d'agents publics fictifs, et par conséquent de maitriser la masse salariale ;*
- *Généralisation de la passation des marchés pour les investissements publics, suivi et évaluation des projets (ce qui limite les fraudes).*

<u>Taille du gouvernement et qualité de la gouvernance en RDC</u>

L'étude de Kimbambu, T. et Lokota, M. (2012) est édifiante sur la relation taille du gouvernement et qualité de la gouvernance en RDC. Cette étude soutient que la qualité d'un gouvernement (niveau de corruption, recette publique, croissance économique, etc.) explique mieux ses performances que sa taille. Elle montre, par ailleurs, qu'en République Démocratique du Congo, cfr tableau ci-bas, il s'est observé une relation négative entre la taille du gouvernement (nombre de postes créés) et la croissance économique.

Comme on peut le remarquer sur les deux tableaux suivants, la composition du gouvernement, notamment sa taille, ne garantit pas la bonne gouvernance.

Tableau 1.9 : Régimes politiques et problématique de la gouvernance en RDC

Période et faits	Problématique de la bonne gouvernance
Accession du pays à l'indépendance (sécession katangaise-juillet 1960, sécession du sud Kasaï-août 1960, Suspension des institutions par les forces armées-septembre 1960)	Absence d'un leadership fort et imposant
IIème république (à peu près 27 changements de gouvernement)	Instabilité de vision politique (confusion des stratégies de court terme et de long terme)
Transition sous Laurent Désiré Kabila (Président)	Intention de développer le pays face aux moyens limités pour assurer la sécurité et l'unité territoriale
Transition sous Joseph Kabila (Président)	Lourdeur de la machine gouvernementale
IIIème (règne du Président Joseph Kabila)	Inadéquation entre dépenses en capital et dépenses en fonctionnement (la taille du gouvernement y est pour beaucoup)

Source : étude de Kimbambu, T. et Lokota, M. (2012).

Tableau 1.10 : Taille de gouvernement en RDC (2006-2012)

Année	Gouvernement	Vice 1er ministre	Ministres	Vice-Ministres	Effectif Total	Croissance PIB/h%	Taux d'inflation%
2007	GIZENGA I	0	40	20	61	3,2	9,96
2007	GIZENGA II	0	36	12	49	3,2	9,96
2008	MUZITO I	3	37	14	55	3,1	27,57
2010	MUZITO II	3	33	7	44	4,0	9,84
2011	MUZITO III	2	34	10	57	3,8	23,4
2012	KOYAGIALO	2	34	10	57		
2012	MATATA I	2	26	8	57		

1.2. Les grandes tendances de l'économie congolaise

Depuis 1960, les principaux chocs exogènes ont eu des effets négatifs du fait de la dépendance économique du pays vis-à-vis de la conjoncture mondiale (la principale source de devise est l'exportation des matières premières à l'état brut).

Aussi, l'on notera que le manque de diversification économique, l'extraversion des branches économiques entières, l'accroissement de la dette publique (bilatérale et multilatérale) sont les principaux facteurs explicatifs des déséquilibres macroéconomiques endémiques en RDC de 1960 à 2010.

Ici, nous passons en revue les grandes caractéristiques de l'histoire économique congolaise avant de nous lancer à l'analyse de la situation économique du pays, secteur par secteur.

1.2.1. Les principales caractéristiques socio-économiques

Gardant à l'esprit les différents chocs endogènes et exogènes qu'a connus le pays depuis 1960, comme répertoriés ci-haut, nous identifions les principales caractéristiques socio-économiques du pays, ainsi que leurs causes, telles que regroupées suivant des moments forts de l'histoire du pays.

Périodes	Caractéristiques principales	Faits	Causes
1960-1973	Inflation modérée et Croissance	Accumulation des richesses intérieures	* infrastructure et organisation héritée de la colonie belge
		Faiblesse dans la gestion des finances publiques	* turbulences politiques cinq ans après l'indépendance
		Résultats positifs : croissance PIB réel de 2,7% et inflation de	* efforts de redressement économique entrepris sur la période 1967-1973 ; * hausse du cours du cuivre (externalités positives de l'environnement

		27% (moyenne annuelle)	international)
1974-1988	Inflation ouverte (57,6%) et Ralentissement de croissance (0,03%). Deux sous-périodes sont à distinguer :	1ère sous-période : 1974-1982	
		Sur endettement du pays	* mauvais choix de politiques économiques ; * financement des grands travaux (Inga, CCIZ, sidérurgie de Maluku, etc.) ; * Corruption et retro-commissions.
		processus de créations de richesses intérieures bloqué	*chocs pétroliers (en 1973 et 1976, le prix du baril de pétrole quintuple et quadruple respectivement) ; * chute du cours du cuivre (échec des stratégies du Conseil Intergouvernemental des Pays Producteurs et Exportateurs du cuivre/CIPEC) ; * Echec de la Zaïrianisation/nationalisation , l'étatisation ou radicalisation et rétrocession ; * gestion des finances publiques peu orthodoxe (accroissement des dépenses) ; * politique monétaire accommodante ; * ajustement tardif de la politique de change : changement de régime de change (passage régime fixe au régime flottant)
		2ème sous-période : 1983-1989	

		Ajustement de l'économie (PAS)	* Assainissement politique budgétaire (contraction de la demande) ; * réformes sur la politique monétaire (libéralisation des taux d'intérêt) ; * réformes sur la politique de change (adoption régime des changes flottants et assouplissement réglementation de change).
1989-2001	Hyperinflation, destruction des richesses et déclin de la croissance	Destruction du tissu socio-économique (déclin de l'économie et la société) : recul du PIB réel de 4.5% en moyenne, taux d'inflation jusqu'à 2.000%, incidence de pauvreté à 80%, et taux de chômage à 84%.	* instabilité institutionnelle (12 gouvernements sur 10 ans) durant une longue transition politique ; * crises sociales (conflits armés interethniques 1991-1992, grèves, villes mortes, etc.) ; * * crises économiques (pillages en 1991 et 1993, récession, hyperinflation, rupture coopération bilatérale et multilatérale, etc.) ; * en 1994, rapide dépréciation du taux de change (taux : 98%) et aggravation de l'inflation (taux : 9800%) : le financement par la BCC des déficits insoutenables de l'Etat y est pour beaucoup.
2002-2013	Inflation contrôlée et reprise de la croissance	Relance de la croissance, hyperinflation cassée (17% en moyenne), réduction du chômage (de 84% à 40% en moyenne)	* reprise coopération bilatérale et multilatérale ; * mise en place des politiques économiques conjoncturelles restrictives et de certaines réformes structurelles (chaine de dépense, indépendance de la BCC, liquidation des

		et de la pauvreté (de 80% à 63%).	banques en difficulté, partenariat public-privé dans le secteur minier, guichet unique au port de Matadi).

Source : tableau établi par nos soins

1.2.2. Analyse multisectorielle de l'économie

La politique économique conduite en RDC parait essentiellement conjoncturelle, soit basée sur le carré magique de Kaldor, avec comme objectif : le rétablissement des équilibres fondamentaux, c'est-à-dire plus d'emplois, plus de croissance, un équilibre des comptes extérieurs, et moins d'inflation. Ces objectifs de la politique économique de court terme se résument en 2 sous-composantes : assurer l'équilibre interne (politique monétaire et budgétaire) et l'équilibre externe (politique de change).

Partant de ces objectifs, la situation économique de la RDC sera analysée de façon rétrospective, suivant une approche multisectorielle, en passant en revue les différents indicateurs des quatre principaux secteurs institutionnels du pays, à savoir : secteur réel, secteur monétaire, secteur public, et secteur extérieur.

a) Secteur réel

Pour comprendre l'évolution du secteur réel en RDC, notre analyse va porter sur les indicateurs suivants : la production, captée par le taux de croissance de l'activité économique, et le niveau de formation des prix, capté par le taux d'inflation. L'évolution de l'output gap ou l'écart de production et l'évolution des composantes de la demande globale feront également l'objet d'analyse.

▶ *Analyse de l'évolution de la croissance de l'activité économique*

L'évolution du taux de croissance du PIB réel a connu des nombreuses fluctuations conjoncturelles, dont l'amplitude variait à travers le temps. On peut distinguer cinq sous périodes : il s'agit de la période allant de 1960 à 1973, de 1974 à 1982, de 1983 à 1988, de 1989 à 2001 et de 2002 à 2015.

Graphique 1.1 : Evolution du taux de croissance économique

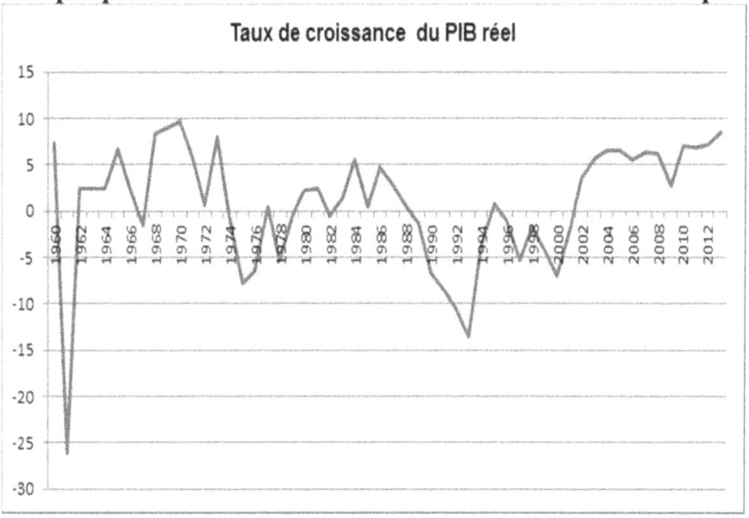

Source : Auteur, sur base des données de la BCC

La période de 1960 à 1973 était caractérisée par une croissance économique plus ou moins lente ; celle de 1974 à 1982 par une baisse de l'activité due à la zaïrianisation, à la crise pétrolière, etc. ; celle de 1983 à 1988 était caractérisée par un rebondissement de l'activité économique, dû notamment à des politiques d'ajustement structurel et de stabilisation du Fonds Monétaire International (FMI) ; celle de 1989 à 2001 par une baisse très prononcée de l'activité économique, due à la suspension du programme d'ajustement en 1988, aux deux vagues de pillages (1991 et 1993), à une longue et chaotique transition politique (1990-1997) et aux deux guerres civiles

(1996 et 1998). Et enfin, la période de 2002 à 2013 est celle où le pays a renoué avec la croissance de l'activité économique. Cela grâce aux efforts du gouvernement via la coordination des politiques macro-économiques : une politique monétaire restrictive et une politique budgétaire rigoureuse.

▶ ***Evolution de la formation du niveau des prix intérieurs***

Comme le taux de croissance de l'activité économique, le niveau des prix intérieurs a été volatile [(6)] durant toute la période de l'étude. Le rythme de formation des prix a souvent évolué avec la conjoncture économique internationale et nationale. L'analyse faite en moyenne par décennie relève ce qui suit : dans la décennie 60, le taux d'inflation était de 34% en moyenne par an, le taux le plus élevé était observé en 1962 (80,2%), et le plus bas en 1965 (8,5%). Dans la décennie 70, il était passé à 43% en moyenne par an, le taux le plus bas était observé en 1970 (1,7%), et le plus élevé en 1979 (99%).

L'inflation a poursuivi sa progression dans la décennie 80, en s'établissant à 62% en moyenne, le taux le plus élevé était celui de l'année 1988 (121,5%), et le plus bas celui de l'année 1986 (26%). Le taux d'inflation avait drastiquement augmenté dans la décennie 90, suite au financement monétaire de déficit public ; le taux d'inflation s'est situé à 2310% en moyenne, le taux le plus élevé était celui observé en 1994 (9796,9%), et le plus bas en 1997(13,5%). Cependant, au cours de ces quinze dernières années, l'hyperinflation a été cassée et l'inflation jugulée, cela suite à l'engagement ferme du gouvernement. La mise en place d'une politique budgétaire rigoureuse et d'une politique monétaire prudente, appuyées par les programmes d'assistance des institutions financières internationales en 2001, n'avait pas tardé à donner ses résultats. Le taux d'inflation est passé de 511,2 en 2000 à 15,8% en 2002, avant d'atteindre le niveau le plus bas de l'histoire en 2015 (0,87%). Le graphique ci-dessous retrace l'histoire avec éloquence.

---

[6] La volatilité est mesurée par l'écart-type, cette dernière montre de forte dispersion.

Graphique1.2 : Evolution du taux d'inflation

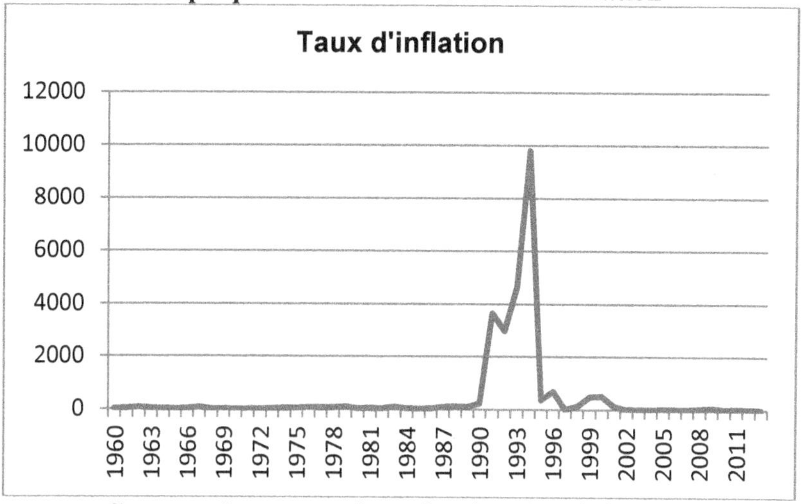

Source : Auteur, sur base des données de la BCC

- ***Evolution de l'écart de production***

L'output gap ou l'écart de production (EP) est compris comme un écart entre la production ou le PIB effectif et le PIB potentiel : *EP en % = ((PIB effectif – PIB potentiel)/PIB potentiel)*100.* Théoriquement, l'on notera :

- *Ecart de production > 0 : pression inflationniste (surchauffe de l'économie)*
- *Ecart de production < 0 : pression désinflationniste (inflation en baisse)*

Par production potentielle, l'on entend le niveau de production atteint avec le plein emploi des facteurs de production (capital, travail), alors que la production effective est obtenue avec les capacités installées (il peut s'agir d'un sous-emploi des facteurs).

Il sera question, pour nous, de passer en revue l'évolution de la production effective en RDC, comparée à la production potentielle, depuis 1960. Le filtre d'Hodrick-Prescott[7] ou filtre HP nous a aidés à estimer le niveau potentiel du PIB réel en RDC. Les graphiques ci-dessous présentent l'évolution comparée des PIB effectif et potentiel, aussi l'évolution de l'output gap :

Graphique1.3 : Evolution de l'output gap

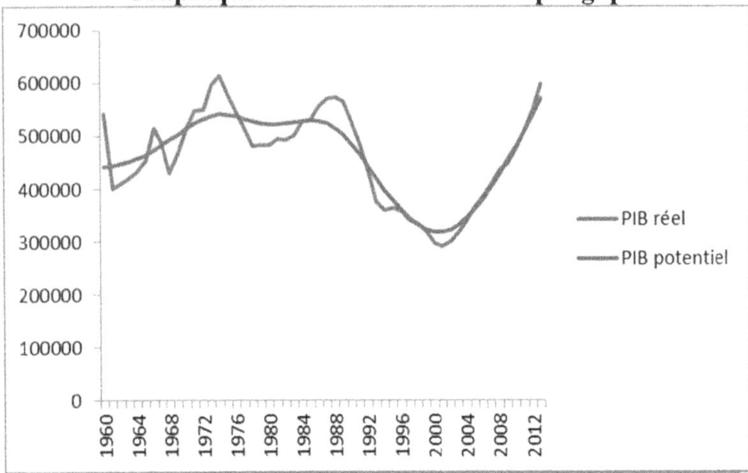

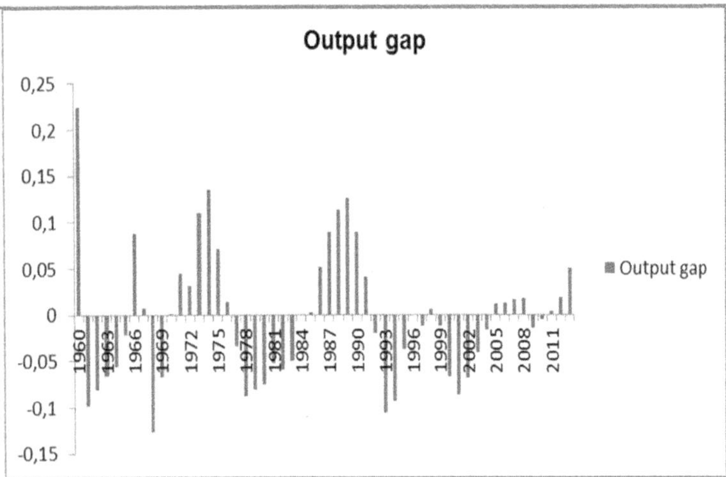

Source : Auteur, sur base des données de la BCC

---

7 Il aide à partager une série en deux composantes : une composante cyclique et une composante tendancielle (niveau potentiel). Le niveau potentiel d'une série peut également être obtenu en régressant la dite série sur le temps, ensuite faire la prévision (c'est l'approche « linear trend »).

Les graphiques ci-dessus montrent que l'économie congolaise a été confrontée par les pressions inflationnistes alternées par des pressions désinflationnistes, avant la maitrise de l'inflation en 2012.

Les pressions inflationnistes : les périodes suivantes ont été caractérisées par une surchauffe de l'économie (une demande supplémentaire sans offre correspondante), grâce à certains politiques et évènements :

- 1970-1976 : Crise financière en 1971, accroissement significatif du stock de la dette, choc pétrolier et baisse des cours mondiaux des métaux, etc.
- 1986-1991 : Programme d'ajustement structurel, changements de gouvernement, troubles ethniques et pillages, etc.
- 2005-2008 : dépenses publiques accrues (dépenses électorales), endettement en progression, crise financière internationale, etc.

Les pressions désinflationnistes : l'on a observé une inflation en baisse sur les périodes suivantes (une offre supplémentaire sans demande correspondante), grâce à certaines politiques et évènements :

- 1961-1965 : grâce aux infrastructures et organisation héritée de la colonie belge ;
- 1977-1983 : changement de gouvernement, fin du régime de change fixe et début du régime de change contrôlé (réforme monétaire), politique d'ajustement économique et financier, couplés aux guerres de Shaba, etc. ;
- 1992-2004 : Troubles et pillages au début, mais par la suite : changement de gouvernement, nouveau président de la République (nouvel espoir), libéralisation de l'économie, reprise des programmes avec les institutions de Bretton-woods, adoption du régime de change flottant, etc.

Depuis 2012, l'inflation est modérée, voire faible. De 2002 à 2009, l'inflation s'est située à 19,9% en moyenne annuelle contre 8% sur la période 2010-2015. Les données de la BCC renseignent que l'hyperinflation observée dans la période 1990 à 2001 était couplée des taux de croissance négatifs (-7% en moyenne annuelle, avec un pic historique de -13,51% en 1993). Le taux d'inflation a été de plus de 800% en moyenne annuelle, avec un record de 9796,9% en 1994. Sur la période 2002 à 2015, le taux d'inflation était modéré avec des taux de croissance économique remarquables.

L'on retiendra que le taux de croissance économique était de 5,4% et 5%, en moyenne annuelle, respectivement pour la période 2002-2009 et 2010-2015.

- ***Evolution des composantes de la demande globale (comparées au PIB)***[(8)]

Evolution du taux de croissance du PIB réel et de la consommation publique

En ce qui concerne la contribution de l'administration publique à la croissance économique, nous constatons que les deux variables ont relativement évolué dans le même sens au regard des années de prospérité (1960) et des années de disette (1980), caractérisées par une gestion budgétaire restrictive. Cependant, l'impact est relatif en ce sens que les performances économiques en RDC ne reposent guère sur la consommation publique ; en d'autres termes, les différentes augmentations de la consommation publique n'ont apparemment pas contribué efficacement à la croissance, du fait du caractère trop important du budget des institutions (dépenses de fonctionnement), de la corruption, etc.

[8] Les données proviennent des différents rapports annuels de la BCC, et tous les graphiques sont produits par nous-mêmes.

Graphique 1.4 : Evolution duPIB réel
et de la consommation publique

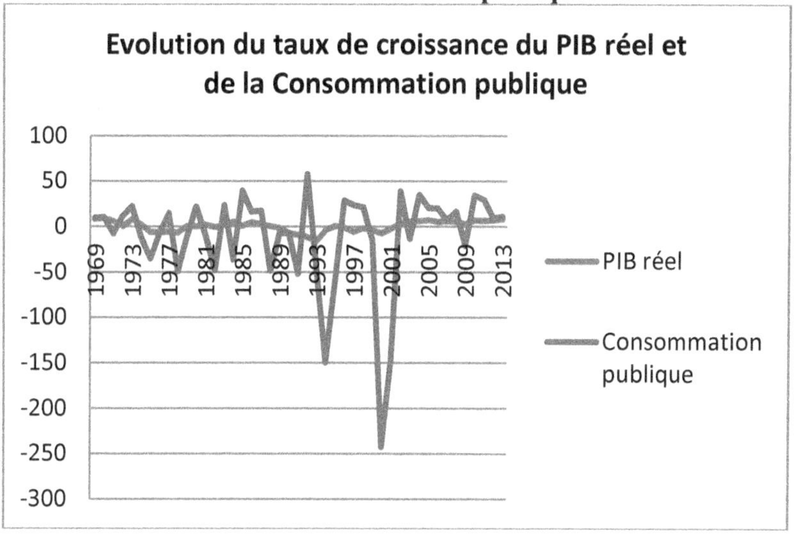

Evolution du taux de croissance du PIB réel et de l'investissement public

En outre, l'allocation de l'investissement public à des dépenses de prestiges, la surévaluation des projets sans retombées substantielles sur l'activité économique, expliquent l'indifférence de la croissance vis-à-vis des investissements publics.

Graphique 1.5 : Evolution du taux de croissance du PIB réel et de l'investissement public

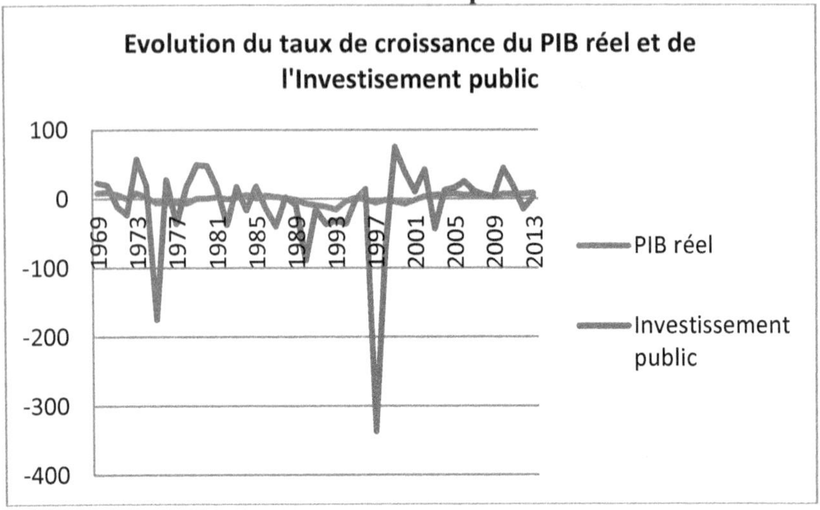

Evolution du taux de croissance du PIB réel et de la consommation privée

Au regard du graphique ci-dessous, il apparaît clairement que l'économie est essentiellement une économie de consommation, car on observe que toutes les fluctuations qu'a connues la courbe de consommation (privée) ont impacté sur la croissance économique. Ceci est un atout non négligeable qui profite malheureusement aux partenaires étrangers auprès de qui la RDC importe les biens consommés.

Graphique 1.6 : Evolution du taux de croissance du PIB réel et de la consommation privée

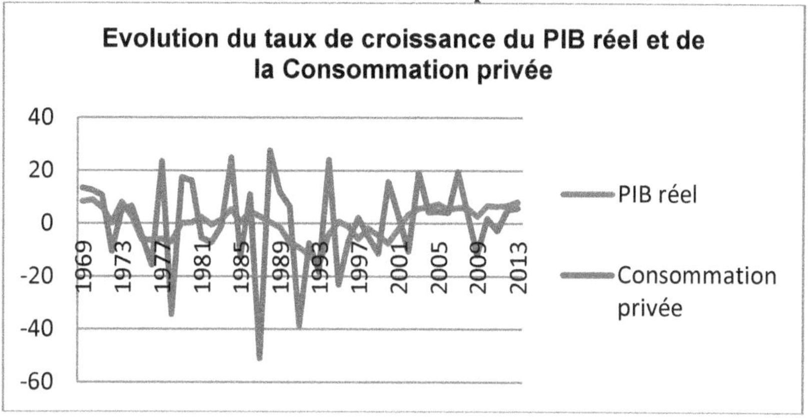

Evolution du taux de croissance du PIB réel et de l'investissement privé

En dépit de leur importance et de leur rôle majeur dans la création d'emploi, les investissements privés n'ont pas constitué un secteur porteur de croissance suite au transfert immédiat des capitaux générés vers l'extérieur. Nous observons donc que les revenus des investissements privés en RDC sont en majeur partie redistribués à étrangers.

Graphique 1.7 : Evolution du taux de croissance du PIB réel et de l'investissement privé

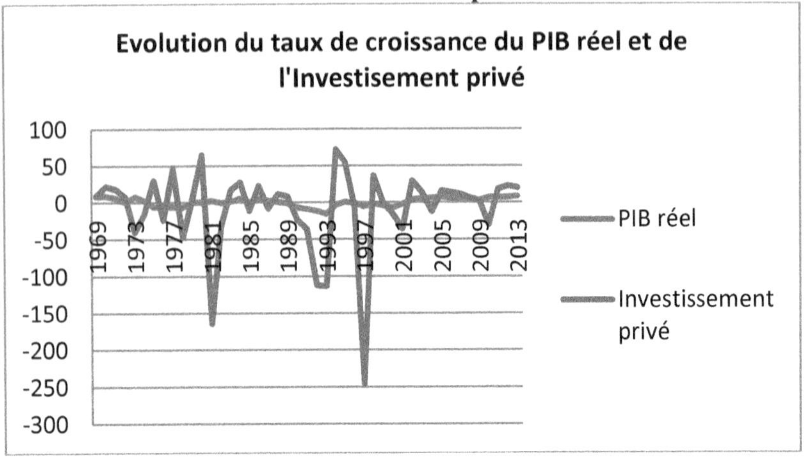

Evolution du taux de croissance du PIB réel et des exportations nettes

Depuis l'accès à l'indépendance, les exportations nettes n'ont presque jamais eu d'impact positif sur la croissance suite au déficit permanent de la balance des paiements. On observe habituellement des exportations plus faibles que les importations, faute de production intérieure suffisante.

Graphique 1.8 : Evolution du taux de croissance du PIB réel et des exportations nettes

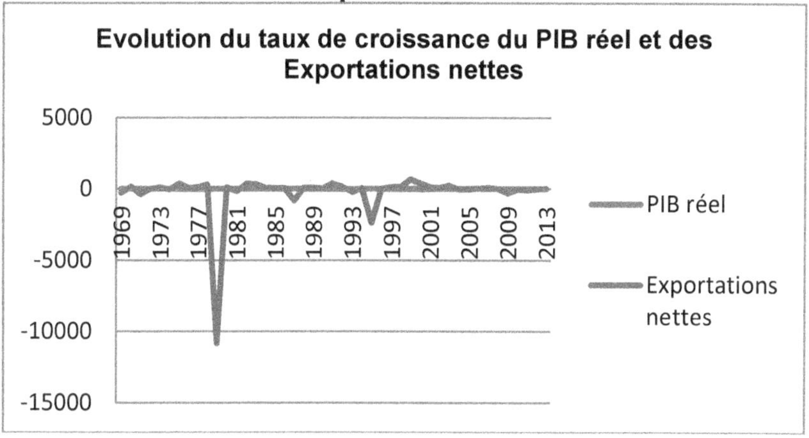

- ***Analyse des atouts, faiblesses et menaces dans le secteur réel en RDC***

Atouts :

- La RDC est un espace économique potentiellement riche du point de vue de la demande, avec une population élevée à plus ou moins quatre-vingts millions d'habitants. Toutefois, ce potentiel est servi aux entreprises extérieures qui exportent le surplus ou le gain réalisé dans le marché congolais. La consommation de la production interne permettrait à coup sûr de booster significativement l'industrie nationale, une capacité importante de consommation plutôt au service de l'extérieur. Elle serait un atout majeur dans la mesure où la RDC serait capable de consommer sa propre production ;
- La disponibilité et le faible coût de la main-d'œuvre locale constituent des éléments favorables à l'accroissement des investissements privés ;
- La capacité potentielle de production représente un élément crucial pour la RDC pouvant lui permettre de

s'auto-suffire en vue de réduire sensiblement le volume des importations, ainsi que de s'imposer sur le marché extérieur.

Faiblesses :

- Une structure économique quasi uni-sectorielle avec prédominance du secteur informel ;
- Absorption par le fonctionnement des institutions de plus ou moins ¾ du budget de l'Etat au détriment des investissements publics pouvant avoir des effets d'entrainement significatifs ;
- L'inefficacité de l'administration publique, son manque de professionnalisme indubitablement dû à son caractère obsolète et à la précarité de la situation de ses agents, ne contribuent pas à la gestion saine de la chose publique ;
- Le manque de rentabilité des investissements publics ;
- Une structure économique caractérisée essentiellement par une consommation extravertie ;
- Transfert immédiat vers l'étranger des capitaux générés par les investissements privés ;
- Traitement de la main-d'œuvre locale non proportionnelle aux gains ;
- Production intérieure faible, par conséquent volume d'exportation insuffisant pour équilibrer la balance.

Menaces :

- Une économie hautement sensible aux chocs exogènes, car tributaire des cours des matières premières d'exportation ;
- Du fait de l'absorbation d'environ ¾ de son budget par le fonctionnement des institutions, l'Etat continue de

s'exposer à des emprunts extérieurs pour des dépenses de souveraineté ;
- Une administration publique inefficace sur le plan national, est par conséquent peu concurrente à l'échelle internationale ;
- Un cours du marché international subi par l'économie congolaise ;
- Une balance de paiement déficitaire, facteur défavorable à l'accumulation des réserves de change.

b) Secteur monétaire

Ici, notre analyse va porter principalement sur l'évolution de l'offre de monnaie (masse monétaire et base monétaire) en RDC ; ensuite, l'évolution des différents instruments de la politique monétaire ; et enfin, l'évolution du volume des crédits octroyés à l'économie, de 1960 à ces jours.

► ***Evolution de l'offre de monnaie***

Il sied de rappeler avant tout que l'offre de monnaie peut se présenter sous trois formes : la base monétaire (*composée de la circulation fiduciaire, des dépôts des banques à la Banque Centrale*) ; le stock monétaire qui est constitué de la circulation fiduciaire hors banques et des dépôts à vue ; et la masse monétaire que nous pouvons définir comme l'ensemble des moyens de paiement (*elle est composée de la circulation fiduciaire hors banques, des dépôts à vue et des dépôts à terme en monnaie nationale*). Dans une économie, caractérisée par une forte dollarisation comme en RDC, à la masse monétaire traditionnelle s'ajoutent, dans les statistiques monétaires, les dépôts à vue et à terme en devises, ainsi que les provisions pour importation. Notre analyse portera ainsi sur la base monétaire et la masse monétaire, le stock monétaire n'étant qu'une composante de la masse monétaire.

❖ ***Evolution de la base monétaire ou l'offre de monnaie centrale***

Précisons que la création monétaire dans une économie est l'apanage du secteur bancaire ; la banque centrale pour la monnaie fiduciaire ou centrale, et les banques commerciales pour la monnaie scripturale ou de second rang. Comparativement aux économies développées, l'analyse approfondie du secteur monétaire congolais renseigne que la création monétaire durant la période sous étude a été beaucoup plus le fait de la banque centrale ; cela est attesté par l'évolution de l'offre de monnaie centrale (la base monétaire) qui a été presque égale à la masse monétaire.

Graphique 1.9 : Evolution du taux de croissance de la monnaie centrale

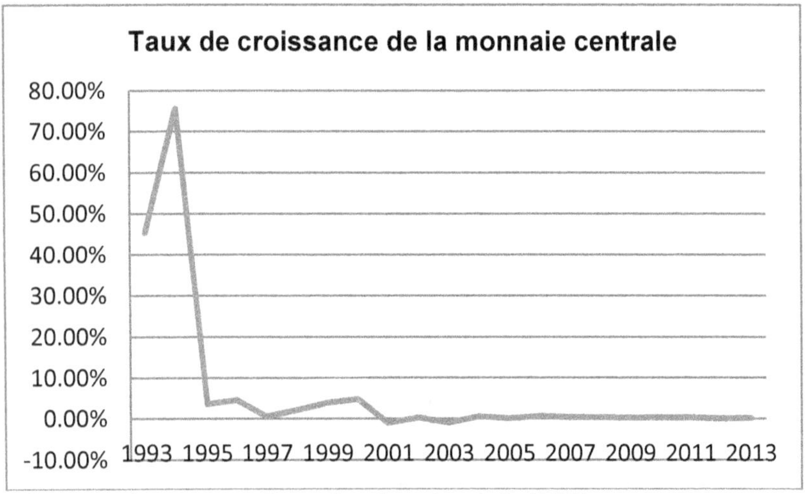

Source : Auteurs, sur base des données de la BCC

Il apparait de l'analyse minutieuse de ce graphique qu'il y a eu une création monétaire excessive de la part de la banque centrale, le taux de croissance de la base monétaire a atteint de chiffres sans précédents, se situant jusqu'à 7565,34 % en 1994. Cependant, la décennie 2000 est caractérisée par une création monétaire faible et contrôlée de la part de la Banque centrale. En 2012, le taux de croissance de la monnaie centrale s'est levé à 5% seulement.

❖ ***Evolution de la masse monétaire***

L'évolution du taux de croissance de la masse monétaire durant la période sous-examen peut être concassée en quatre grandes sous périodes. Il s'agit de la sous période allant de 1960 à 1975, de 1976 à 1989, de 1990 à 2001 et de 2002 à 2013.

Graphique 1.10 : Evolution du taux de croissance monétaire

Source : Auteur, sur base des données de la BCC

La première sous période, allant de 1960 à 1975, était caractérisée par une faible croissance de la masse monétaire, hormis les années 1960 et 1963 où le taux de croissance de la masse monétaire s'est situé respectivement à 50% et à 39%. En d'autres termes, la croissance de la masse monétaire a été moins volatile avec un écart-type de 11,7.

La deuxième sous période, allant de 1976 à 1989, était caractérisée par une forte croissance de la masse monétaire. Le taux le plus élevé était de 131% en 1988. Il a été relativement volatile avec un écart-type de 19,3.

La troisième sous période, allant de 1990 à 2001, était caractérisée par une très forte croissance (une croissance excessive non contrôlée) de la masse monétaire, à tel enseigne que la variation annuelle de cet agrégat monétaire a atteint 7743,1% en 1994. Cela était dû au recours accru à la création monétaire ex-nihilo pour financer les déficits budgétaires croissants. Durant cette période, la croissance de la masse monétaire a été fortement volatile, avec un écart-type de 1801,3.

La dernière sous période, allant de 2002 à nos jours, est caractérisée par une croissance contrôlée de la masse monétaire. La mise en place d'une politique budgétaire rigoureuse et d'une politique monétaire prudente en 2001 avait poussé la Banque Centrale du Congo à diminuer le taux de la croissance de la masse monétaire qui est passé de 277,46% en 2001 à 28,11% en 2002, et à 18,30% en 2013, comme le montre bien le « *graphique 1.10* » ci-dessus.

► *L'analyse du comportement de la demande de la monnaie*

La demande de monnaie se définit comme la disposition des agents économiques à détenir la monnaie. De façon stricte, la demande de monnaie est la préférence pour la liquidité par excellence ou tout simplement la préférence pour la monnaie fiduciaire.

La vitesse de circulation de la monnaie et le taux de liquidité de l'économie permettent d'approximer le comportement de la demande de monnaie, laquelle est observable à l'opposé de l'offre de monnaie qui est mesurable.

En effet, la vitesse de circulation de la monnaie peut se définir comme la fréquence à laquelle une unité de monnaie est utilisée pour acheter des biens et services nationaux au cours d'une période donnée. Elle est déterminée par le rapport entre le Produit intérieur brut et la masse monétaire.

Quant au taux de liquidité, il est le rapport en pourcentage entre la masse monétaire et le produit intérieur brut. Le taux de liquidité est l'inverse de la vitesse de circulation de la monnaie. En d'autres termes, il est le taux de transformation de la monnaie en revenu ou encore la fraction du revenu que les agents économiques souhaitent conserver sous forme de monnaie. Plus ce taux augmente, moins les agents économiques sont disposés à transformer leurs actifs réels en monnaie. Dans ce cas, la demande de monnaie diminue et vice versa.

Tableau 1.11 : Évolution du multiplicateur monétaire et de la vitesse de circulation-revenu de la monnaie (en moyenne périodique)

Période	*Multiplicateur monétaire (à gauche) et écart par rapport à la moyenne tendancielle (à droite)*		*Vitesse de circulation (à gauche) et écart par rapport à la moyenne tendancielle (à droite)*	
1960-1967	1,26	-0,4	3,7	-3
1968-1973	1,6	-0,1	4,5	-2,2
1974-1986	1,5	-0,2	4,4	-2,3
1987-2001	1,4	-0,3	11,6	4,9
2002-2013	1,67	0,9	9,4	2,7
Moyenne globale	1,7	-0,1	6,7	0,1

Source : NGONGA NZINZA, Thèse de doctorat, UNIKIN/FASEG, 2015, p.146

Il ressort de ce tableau que le multiplicateur monétaire en longue période a augmenté, passant de 1,26 au cours de la période de 1960 à 1967 à 1,67 entre 2002 et 2013. Ce multiplicateur a connu un repli sur la période de 1987 à 2001, se situant à son plus bas niveau depuis 1968. S'agissant particulièrement de la dernière période, entre 2002 et 2013, il s'observe, au cours de deux années (2012 et 2013), une nette amélioration du multiplicateur dont le niveau s'est établi respectivement à 3,48 et 3,54 contre une moyenne sur la période de 2,6.

La vitesse moyenne de circulation de la monnaie, quant à elle, a connu une évolution globalement baissière. Après avoir atteint le pic de 11,6 points au cours de la période 1987 à 2001, elle est retombée à 9,4 points au cours de la période récente. L'on relève surtout, au cours de cette période, une nette baisse de la vitesse de circulation de la monnaie entre 2012 et 2013. Elle est ressortie à 5,9 et 5,3 points respectivement contre une moyenne de la période de 9,4 points.

Normalement, lorsque le multiplicateur monétaire augmente et que la vitesse de circulation diminue, la demande de la monnaie s'accroit. L'augmentation du multiplicateur monétaire couplée à la diminution de la vitesse, durant la période sous étude, cadre avec les efforts d'assainissement de la gestion des Finances Publiques et de la monnaie entrepris à partir de 2002, et renforcés en 2010, avec la fin de la dominance budgétaire[9].

- ***Comportement des instruments de la politique monétaire***

Notons qu'il y a deux types d'instruments : les instruments d'encadrement direct et les instruments d'encadrement indirect. Les instruments d'encadrement direct ont été abandonnés au profit des instruments d'encadrement indirect, compte tenu de la souplesse et du délai de réaction de ces derniers. En République Démocratique du Congo, la Banque Centrale du Congo a trois instruments pour réguler la liquidité ; ces instruments sont : le taux des prêts à court terme (principal taux directeur), le coefficient des réserves obligatoires et la fourchette d'appel d'offres des bons Banque Centrale.

Quand on analyse l'évolution du taux d'intérêt directeur de la Banque Centrale du Congo, principal instrument de la politique monétaire, le constat est que, durant la période sous étude, la politique monétaire a été de façon générale restrictive. Cela est attesté par des ajustements à la hausse du taux d'intérêt directeur. Ainsi, l'évolution de ce dernier peut être scindée en trois périodes.

La première période, allant de 1960 à 1986, est caractérisée par un ajustement à hausse du taux d'intérêt directeur. En effet,

---

[9] NGONGA NZINGA, Thèse de doctorat, UNIKIN/FASEG, 2015, p.146

la Banque Centrale avait procédé, graduellement, à cinq réajustements de son principal taux de base en raison des pressions inflationnistes. Ce taux est passé de 4% (de 1960 à 1975) à 12% de 1975 à 1981 ; de 15% en 1982, le taux était passé à 20% en 1983, avant de se situer à 30% en 1985.

La deuxième période, allant de 1987 à 2001, était caractérisée par la poursuite de tendance à la hausse du taux d'intérêt directeur, attestant la volonté ferme de l'autorité monétaire de lutter contre l'hyper inflation des années 90, et de rendre positif le taux d'intérêt réel. Pendant toute cette période, le taux d'intérêt directeur était en augmentation, passant de 29% en 1987 à 140% en 2001 ; sauf en 1997, où l'on a remarqué une baisse drastique de ce taux suite au changement politique : il est passé de 238% en 1996 à 13% en 1997.

La troisième période va de 2002 à nos jours. Cette période, contrairement aux deux périodes précédentes, est caractérisée par des réajustements graduels et séquentiels du taux d'intérêt directeur par la Banque centrale du Congo, en raison de la désinflation de l'économie. Hormis les ajustements observés au cours de la période, le taux est passé de 140% en 2001 à 22,5% en 2007, avant de baisser jusqu'à atteindre 2% au mois de mars 2013, et le même taux jusqu'en juillet 2016.

Cette baisse a été motivée, selon la Banque Centrale, notamment par la nécessité d'émettre des signaux positifs aux marchés (sur la consolidation de la stabilité du cadre macroéconomique) ; et de favoriser une détente générale des taux d'intérêt du marché en vue de stimuler le crédit à l'économie et l'investissement, et réduire la pression sur le compte d'exploitation de la BCC.

Graphique 1.11 : Evolution du taux d'intérêt directeur de la BCC

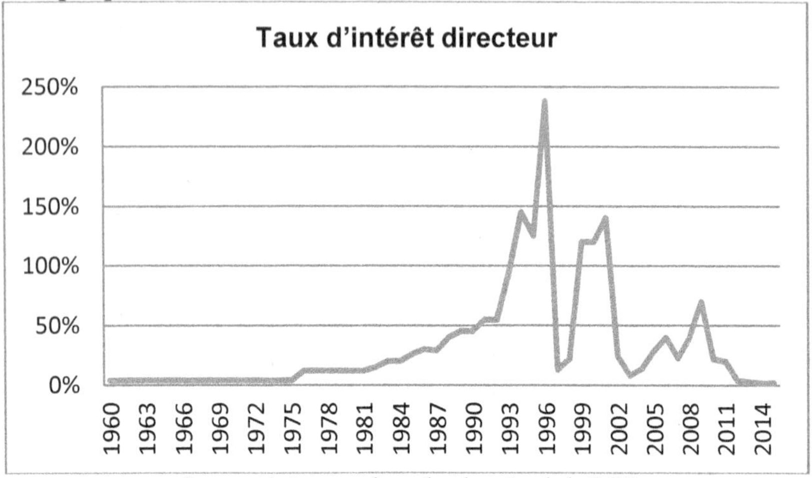

Source : Auteur, sur base des données de la BCC

▸ ***Evolution des crédits à l'économie***

L'économie congolaise est une économie d'endettement, autrement dit une économie où les crédits bancaires s'imposent comme mode de financement principal. Malheureusement, il appert que le système financier congolais est caractérisé par la quasi-inexistence de marché financier, ainsi qualifié « d'embryonnaire ». Ce système est essentiellement bancaire, composé d'une seule Banque Centrale et de vingt banques commerciales agréées et autorisées à créer la monnaie scripturale[(10)].

Le graphique 1.12 ci-dessous renseigne que le ratio crédit à l'économie sur PIB, qui mesure la part des activités économiques financées par les crédits bancaires, est très faible, en dessous de la moyenne africaine. Il s'est situé à 7% en moyenne. Par contre, les décennies 60 et 70 ont été caractérisées par un accroissement significatif de la part des activités économiques financées par les crédits bancaires. La décennie 90, quant à elle, était caractérisée par une

---

[10]La BCC a pour mission d'émettre la monnaie fiduciaire, de concevoir et d'appliquer la politique monétaire, de superviser le fonctionnement du système financier, etc.

désintermédiation accrue attestée par la réduction des activités et la fermeture de plusieurs banques (dont : *la Banque du Congo Belge, la Banque Belge d'Afrique, la Société Générale Congolaise des Banques, la Krediet Bank Congolaise, la Banque de Paris et des Pays-Bas, etc.*), suite aux déséquilibres macroéconomiques que le pays a connus au cours durant cette décennie, notamment : *le déficit budgétaire, le déficit de la balance des paiements, la récession, l'hyperinflation, la dépréciation de la monnaie nationale, etc.*

Le ratio crédit à l'économie sur le PIB ne faisait que diminuer, se situant à 0,13% en 1994. Ce chiffre veut tout simplement dire que seulement 0,13% de la production intérieure a été financé par les crédits bancaires. La décennie 2000 est caractérisée par une augmentation des activités bancaires, bien qu'elles restent toujours faibles (en dessous de la moyenne des pays de l'Afrique au sud du Sahara). Le ratio crédit à l'économie sur le PIB est passé de 0,95% en 2001 à 8,4% en 2015. Cela grâce aux différentes réformes opérées dans ce secteur. Le graphique ci-dessous résume nos propos.

Graphique 1.12 : Evolution du ratio crédit à l'économie sur le PIB

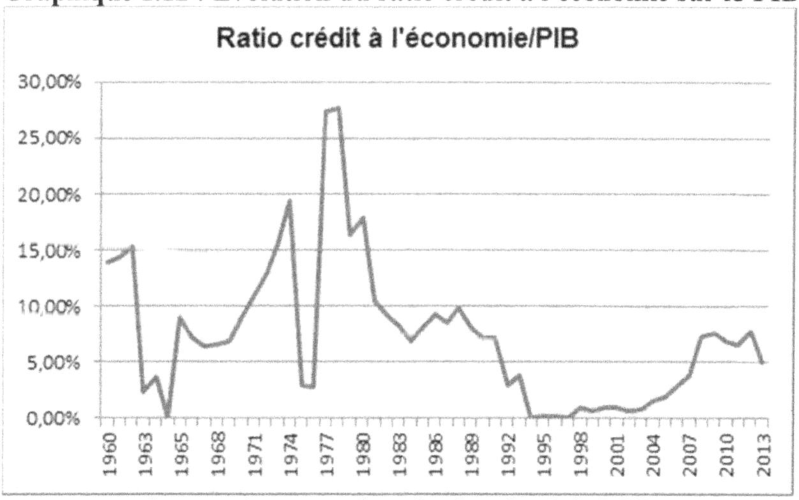

Source : Auteur, sur base des données de la BCC

c) Secteur extérieur

L'équilibre du secteur extérieur, par celui de la balance des paiements, permet d'assurer à une économie une croissance forte et soutenue. Cette dernière requiert un cadre macroéconomique stable et une bonne position extérieure qui facilitent la prise des décisions et l'élaboration des prévisions tant sur le plan de la consommation que de la production.

Pour réaliser les ambitions de croissance afin d'atteindre le statut de pays émergents, puis développés, la balance commerciale de la RDC devra demeurer stable et équilibrée, et le pays se devra d'afficher aussi : un faible niveau d'inflation, un taux de change stable, un élargissement de l'espace budgétaire, une dette publique soutenable et viable, une amélioration du bien-être social, et une bonne politique monétaire et budgétaire. Dans les lignes qui suivent, nous analyserons les évolutions de quelques indicateurs : *les composantes de la balance des paiements, la position extérieure globale, la dollarisation, le taux de change et l'indice des termes de l'échange.*

Balance des paiements (BDP)

En 2010, le commerce représentait presque 80% du PIB ; les exportations seules comptaient pour 45% du PIB. Cette situation reflète le fait que la RDC est fortement dépendante du commerce extérieur. De même, les exportations ne sont pas diversifiées, la majeure partie est cantonnée aux produits minéraux.

Pendant que le pays exporte les produits de base, il importe principalement les produits manufacturiers et alimentaires ; et, la balance courante reste déficitaire.

La balance commerciale de l'économie congolaise est telle que les Congolais consomment ce qu'ils ne produisent pas, et produisent ce qu'ils ne consomment pas. Environ un tiers d'aliments consommés dans le pays est importé, et la balance commerciale nette du secteur agricole est fortement déficitaire. Pour relancer le secteur agricole, une forte participation du secteur privé, avec des meilleures infrastructures, est de mise. Le secteur privé permet de développer les chaînes de valeur et une agriculture commerciale.

Au niveau des soldes extérieurs, le solde de la balance courante est passé de -2.1% du PIB en 2001 à -7.2% en 2015. Pour ce qui est de la balance des paiements, comme l'indique *le graphique 1.13* ci-dessous, elle est restée déficitaire jusqu'en 2010 (entre 1995 et 2010), pour connaitre un renversement de tendance en 2011, grâce aux efforts de stabilisation du cadre macroéconomique et de relance de la croissance. En 2012, l'excédent sur la balance des paiements dépasse légèrement USD 600 millions, venant de USD 75,29 millions en 2010, alors qu'en 2013, elle chute à USD 46,90. L'année 2012 est caractérisée par l'investiture d'un nouveau gouvernement (gouvernent Matata) qui fera de la stabilité du cadre macroéconomique une priorité, d'entrée de jeu.

Graphique 1.13 : Evolution du taux de croissance de la monnaie centrale

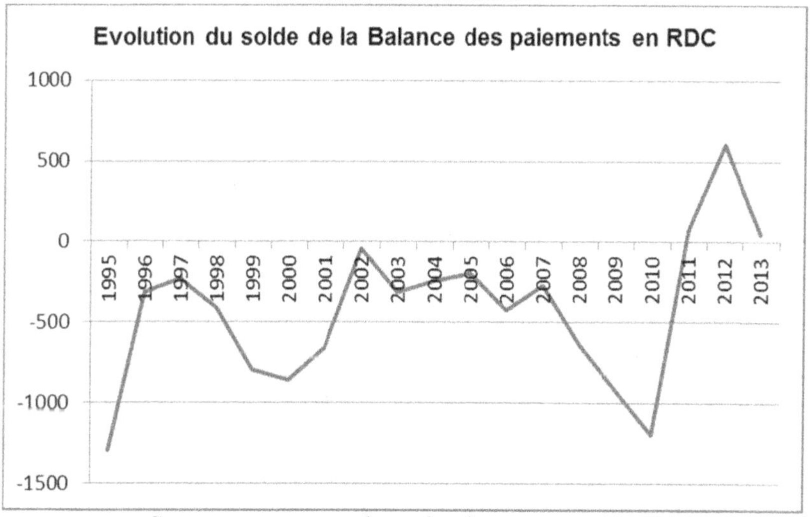

Source : Auteur, sur base des données de la BCC

PEG (Position extérieure globale)[11]

La position extérieure de la RDC s'est nettement améliorée en 2014 (comparativement à 2013) grâce au resserrement du déficit de la balance commerciale, de la balance des services et de la balance des revenus.

Les exportations en volume ont progressé de 13.3% (de 2013 à 2014) grâce à la demande mondiale des minerais qui représent 80% du total des exportations. Les importations quant à elles ont augmenté de 15.4% suite au besoin croissant en équipements des entreprises et à l'expansion du commerce. Les biens de consommation et d'équipement ont totalisé 71% des importations. Le compte capital a affiché un accroissement du volume des opérations de 12%, en raison des transferts au profit de l'Etat, au titre des investissements publics, et de la hausse des IDE orientés essentiellement vers les industries extractives, l'agroalimentaire et les télécommunications.

Dollarisation[12]

Sur le plan théorique, la dollarisation se définit par rapport à l'impossibilité d'endogénéiser l'ensemble des fonctions de la monnaie lorsque la crise s'installe.

La dollarisation est le processus de remplacement par une monnaie étrangère (souvent le dollar des États-Unis d'Amérique ou l'euro) d'une monnaie nationale préexistante en tant qu'unité de fixation du prix des biens et services, qu'instrument de paiement et de détention de l'épargne. De fait le dollar et l'euro sont utilisés comme unité de fixation du prix des biens et services, instrument de paiements et moyen de détention de l'épargne, laissant à la monnaie nationale une utilisation marginale par une fraction de la population qui n'a pas le choix. Par ailleurs, le phénomène de dollarisation, fait l'objet de

---

[11] Pour les variations relevées, l'on compare 2014 à 2013, et l'on se sert des données issues des rapports annuels de la BCC.

[12] Inspiré largement de l'étude de Emile Ngoy Kasongo intitulée « dollarisation, dedollarisation de l'économie congolaise, pourquoi ? », Cahiers économiques et sociaux de l'IRES, Vol. XXXIII, N°1, Mars 2016, PUK.

plusieurs tentatives de définitions dans la littérature économique au regard de son actualité brûlante. Sans prétendre à l'exhaustivité, nous proposons ici une revue de quelques tentatives de définition souvent reprises dans des manuels ou articles qui traitent du sujet.

Salama (1998), définit la dollarisation comme l'évolution selon laquelle « *le dollar s'impose de plus en plus come réserve de valeurs, unité de compte, et parfois comme intermédiaire des échanges pour certains produits* ».

Pour Bourguinat et Donhi (2002) la dollarisation est le processus de remplacement, par des dollars des USA, de monnaies nationales préexistantes en tant qu'unité de fixation de prix de biens, d'instrument de paiement et de détention de l'épargne ».

Pour d'autres comme Ngonga Nzinga et Mususa (1998), la dollarisation correspond à l'utilisation intense des devises étrangères, particulièrement le dollar américain, dans un espace économique pourtant doté d'une monnaie nationale. Ces devises servent à la fois d'unités de compte, de réserve de valeur et de moyen d'échange.

Pour notre part, la dollarisation en tant que phénomène de substitution monétaire est un processus d'éviction totale ou partielle de la monnaie nationale en faveur des devises étrangères dans l'exercice de ses fonctions monétaires traditionnelles telles que définies par Aristote. Cette situation évolue inexorablement à une marginalisation progressive de la monnaie nationale. La dollarisation apparait dans une économie progressivement comme un phénomène d'éclipse monétaire, qui peut être partiel ou total.

La dollarisation traditionnellement liée aux situations d'inflation aiguë ou d'hyperinflation, prévaut également en cas de déflation brutale de l'économie et se manifeste par la concomitance d'une augmentation de la demande de monnaies étrangères et d'une diminution du coût de détention de la monnaie nationale. Dans ce cas, la devise apparaît davantage comme complément que substitut à la monnaie nationale. L'insuffisance des liquidités ou moyens des paiements en monnaie nationale peut avoir deux effets : La baisse de prix intérieurs et une réévaluation de la valeur de la monnaie nationale.

Pour P. Salama et J. Valier[13], c'est la substitution de la fonction d'unité de compte qui alimente surtout le processus hyperinflationniste. Tandis que des auteurs comme Bruno ou Dornbusch ont démontré mathématiquement, à l'aide des équations, que cette démonétisation ne crée pas l'inflation, qu'elle l'accompagne.

Bien que la dollarisation puisse se manifester sous la forme d'une substitution, ou d'une complémentarité monétaire, dans un espace donné, elles peuvent revêtir deux autres formes :

Ponsot (2003) fait une distinction en fonction de deux critères : le degré de pénétration de la devise étrangère dans les pratiques monétaires d'un pays, et le degré d'officialisation donnée par son acceptation institutionnelle par les autorités.

Sur la base du premier critère, il convient de distinguer la dollarisation partielle (pluralité monétaire où une devise étrangère circule parallèlement à la monnaie nationale), de la dollarisation intégrale (abandon de la monnaie nationale).

- La *dollarisation partielle* traduit une co-circulation monétaire de fait dans l'économie. C'est le cas de la dollarisation en vigueur en Rd Congo, qui se caractérise par un large usage du dollar au détriment de la monnaie nationale. Ceci en violation de l'Article 170 de la Constitution et de l'Article 7 des statuts de la Banque Centrale du Congo. La dollarisation partielle affecte les trois fonctions de la monnaie en commençant généralement par la fonction de réserve de valeur. La dollarisation partielle est difficilement réversible en raison de certaines habitudes en particulier lorsque les transactions ont commencé à s'effectuer en dollar, comme

[13] P. SALAMA et J. VALIER, op.cit.

un processus d'apprentissage d'un nouveau langage, "monétaire " : on réfléchit d'abord en dollar et puis on convertit en monnaie locale ;

- Tandis que la *dollarisation intégrale* est un phénomène "***d'Eclipse monétaire***" totale. Dans ce contexte la monnaie de dollarisation aurait cours légal et deviendrait la nouvelle monnaie nationale, avec le retrait progressif de l'ancienne monnaie nationale. A l'état actuel des choses cette forme de dollarisation ne correspond pas à la situation de l'économie congolaise.

Sur la base du second critère, il convient de distinguer la *dollarisation de facto* ou *officieuse* de la *dollarisation officielle* :

- Dans le *premier cas*, il s'agit d'un processus spontané découlant d'un choix de résident d'un pays qui possède une partie importante de leurs avoirs financiers en monnaie étrangère ; alors que celle-ci n'a pas cours légale dans le pays. C'est un choix de la rationalité, de fait, le dollar et l'euro sont utilisés comme unité de fixation du prix de biens et services, instrument de paiement, et moyen de détention de l'épargne, laissant au franc congolais une utilisation marginale par une fraction de la population qui n'a pas le choix. C'est le régime de dollarisation informelle ou officieuse. Ce modèle ne se décrète pas.
- Dans le *second cas*, il s'agit d'un processus institutionnel relevant d'un choix délibéré des autorités monétaires. L'utilisation de la devise étrangère est reconnue officiellement par le pouvoir public à travers la fixation de son cours légal. Le régime de dollarisation de droit ou de jure, procède de la pleine volonté du pouvoir public d'aliéner en partie ou pleinement sa souveraineté monétaire en décrétant la circulation d'une ou plusieurs devises étrangères sur son territoire national. Nos analyses précédentes sur les dimensions institutionnelles de la

monnaie ont présenté la dollarisation de jure comme une atteinte au symbole de la souveraineté monétaire.

Les dépôts en monnaie étrangère, comparativement aux dépôts en monnaie nationale, représentent une part importante de la masse monétaire en RDC (plus de 60%), autant pour le total des dépôts bancaires (80%), depuis des décennies. Ceci suppose que les devises, le dollar américain essentiellement, sont fortement utilisées dans les transactions commerciales, jusqu'à remplir carrément les trois fonctions de la monnaie nationale : *l'unité de compte, le moyen de paiement et la réserve de valeur*. Dans un tel contexte, l'on dit de l'économie congolaise qu'elle est « dollarisée » comme le montre le graphique ci-dessous :

Graphique 1.14 : Evolution du taux de dollarisation

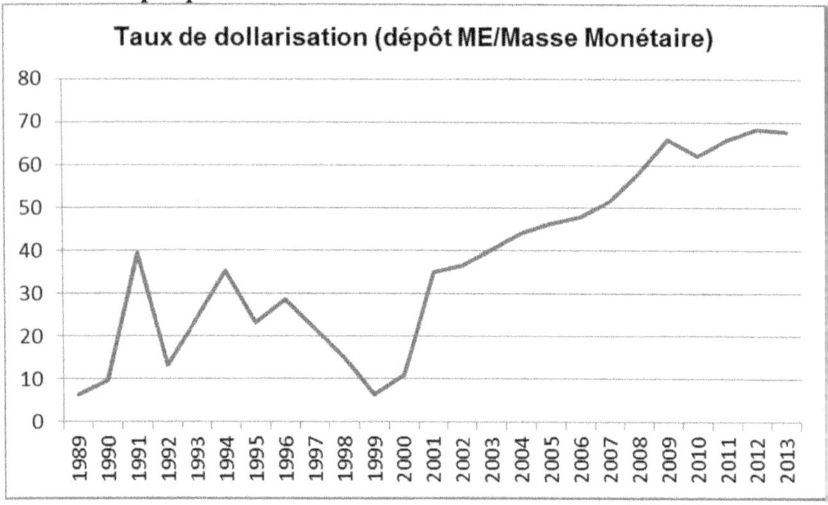

Source : Auteur, sur base des données de la BCC

Parmi les causes de la dollarisation, figure une inflation forte et volatile créant de l'incertitude (Kembe, S. (2011). En fait, « en période de forte inflation, la dollarisation est une réponse rationnelle qui favorise le maintien des équilibres macroéconomiques et la stabilité des prix intérieurs » (Banque mondiale (2015)).

La dollarisation n'est pas sans effets sur l'économie congolaise. En fait, elle rend inefficace la politique monétaire et de change face aux chocs exogènes. L'onnoteraque, face à la dollarisation :

- le taux directeur devient un instrument neutre (inefficace) pour contrôler la masse monétaire ou réguler le marché des changes ;
- le choix des actifs, devant servir d'indicateurs cibles pour les agrégats monétaires, est affecté, ce qui joue sur le lien inflation et monnaie nationale, et réduit l'efficacité de la politique monétaire en tant qu'instrument de stabilisation de l'économie et de ciblage de l'inflation ;
- le pays perd les revenus de seigneuriage (*le pays perdrait environ USD 600 millions chaque année, soit au tour de 2% du PIB, à en croire Tshiani, N. (2013)*), vu que la demande de la base monétaire nationale s'affaiblit ;
- le système financier demeure vulnérable, vu l'incapacité de la BCC à rencontrer les besoins de liquidité en devises en cas de crise (les réserves de change étant faibles) ;
- L'inflation est entretenue, vu qu'à long terme la dollarisation implique une forte corrélation entre le taux de change et l'inflation ;
- Le pays peut connaitre une désintermédiation financière (le pays l'a connu vers les années 90) ;
- Etc.

Pour lutter contre la « dollarisation », les mesures proposées dans la littérature touchent les trois aspects suivants : *les politiques macroéconomiques ; les réformes du cadre légal et réglementaire ; et les mesures administratives*. Par ailleurs, l'on distingue les mesures de dédollarisation contraignantes (appelées mesures « push ») de mesures de dédollarisation s'appuyant sur les forces du marché (appelées mesures « pull »).

Notons :

- Mesures « pull » : c'est des mesures dont l'objectif est d'inciter à utiliser la monnaie nationale. Parmi ces mesures, l'on cite : réduire la volatilité du taux d'intérêt et renforcer la gestion de liquidité ; améliorer la gestion du budget et de la dette publique ; développer la banque de détail et favoriser l'émergence d'un marché national des capitaux ; renforcer la supervision et régulation prudentielle ; n'assurer que les dépôts en monnaie nationale ; etc.
- Mesures « push » : c'est des mesures qui interdisent carrément l'utilisation des devises (des mesures fortes ou contraignantes). Ces mesures consistent à, entre autres : accroître les réserves obligatoires en monnaie locale ; imposer le recours à la monnaie locale pour la fixation des prix des biens et services, et les transactions intérieures ; interdire l'utilisation des devises (par de décret, réglementation) ; interdire des dépôts en devises ; etc.

Les mesures « pull » pourraient paraitre plus efficaces que les « push » en RDC, comme ce fut le cas pour certains pays en voie de développement (Pérou, Bolivie, Uruguay, etc.).

Taux de change

Pour ce qui est de l'évolution du taux de change (au certain) en RDC, l'on note que, entre 1992 et 2013, la monnaie congolaise (*jadis appelée Zaïre (1990-1994) et Nouveau Zaïre (1995-1997), respectivement*) n'a fait que se déprécier face au dollar américain, avec des fortes volatilités, exceptées les années 2003, 2005, 2007 et 2012, où le taux de dépréciation fut positif comme l'indique le graphique ci-dessous :

Graphique 1.15 : Evolution du taux de change nominal en RDC

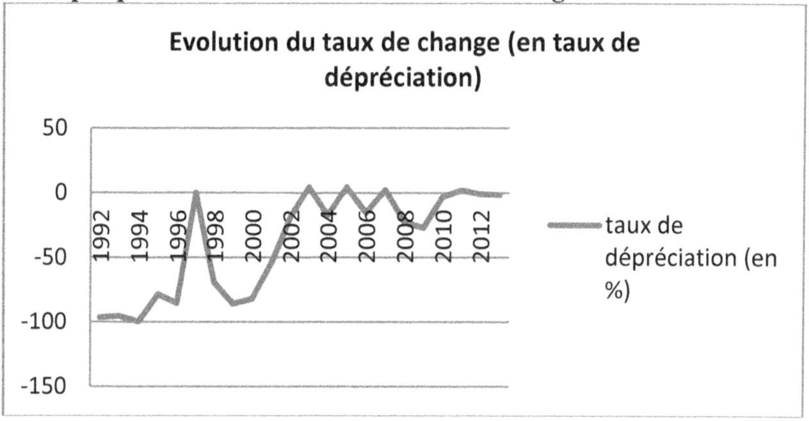

Source : Auteur, sur base des données de la BCC

Le taux de dépréciation de la monnaie congolaise face au dollar américain a même approximé le 100% en 1994, où il s'est situé à 99.6%.

Toutefois, en dépit des faibles volatilités du taux de change observées sur la période 2010-2015, où le taux de change s'est situé exceptionnellement dans la fourchette de 925 à 928 CDF pour 1 USD en moyenne, le taux de change s'est déprécié pour arriver jusqu'à 1247 CDF/USD (*au taux officiel de la BCC en ces jours*), suite à la baisse des cours des matières premières à l'international et la non diversification de l'économie nationale, cette dernière ne permettant pas à l'économie congolaise de faire face aux potentiels chocs exogènes ainsi qu'au déséquilibre de la balance des paiements.

Suivant les parités, l'évolution du taux de change se présente de la manière suivante :

Tableau 1.12 : Evolution du taux de change nominal en RDC

Parité	*Année*	*Taux de change*
Zaïre/1$ USD	*1990*	*1627*
	1991	*2871*
	1992	*1828000*
	1993	*37710000*
	1994	*0,012*
Nouveau Zaïre/1$ USD	*1995*	*0,07*
	1996	*0,5*
	1997	*1,1*
CDF/1$ USD	*1998*	*24,5*
	1999	*4,5*
	2000	*45,5*
	2001	*206,62*
	2002	*382,1*
	2003	*372,5*
	2004	*444,1*
	2005	*473,8*
	2006	*503,4*
	2007	*502,9*
	2008	*639,32*
	2009	*902,66*
	2010	*915,13*
	2011	*919,65*
	2012	*915,2*
	2013	*925,5*
	2014	*929,1*

Source : données tirées de différents rapports annuels de la BCC

Graphique 1.16 : Evolution du taux de change nominal en RDC

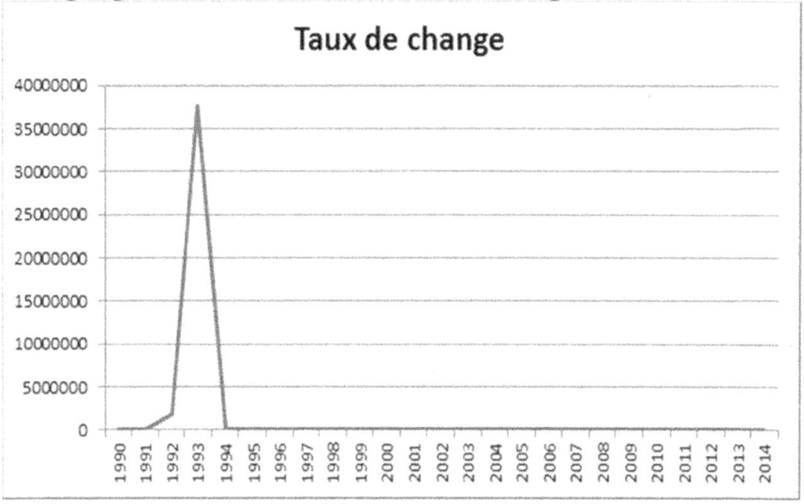

Source : différents rapports de la BCC

A la lecture du tableau ci-haut, l'on remarque que pendant la période allant de 1994 à 1996, la monnaie congolaise a gardé une valeur supérieure au dollar américain (*le taux de change étant inférieur à l'unité*). De même, pour l'année 1997, il y avait une parité fixe entre la monnaie congolaise (le nouveau zaïre de l'époque) et le dollar américain : *un Nouveau Zaïre équivalait à presque un dollars américain (1 NZ = 1.1$ USD)*. Mais depuis lors, la monnaie congolaise ne fait que se déprécier par rapport au dollar américain, malgré quelques appréciations de faible ampleur enregistrées en 2003, 2005, 2007 et 2012. Ceci dénote quelque part la faiblesse de la politique de change en RDC.

En fait, la politique de change appliquée en RDC se base sur le régime de change flottant administré. Ce régime assure une volatilité du taux de change. Toutefois, l'autorité monétaire intervient sur le marché pour conforter le niveau des réserves de change et assurer la stabilité du marché monétaire.

La stabilité macroéconomique souffre des effets de la dominance de la politique budgétaire sur la politique monétaire. La gestion des finances publiques doit l'être sans recourir à la planche à billet et aux encours de la BCC. La primauté devra également être accordée aux francs congolais par rapport aux devises dans toutes les transactions. Toutes les stratégies à mettre en place devraient avoir comme objectif de drainer plus de monnaie dans le circuit bancaire et de favoriser la « dédollarisation ». Le matelas des réserves internationales de change doit nécessairement se situer au-dessus du seuil normal, soit 3 mois d'importations. Malheureusement, comme on peut le lire sur le graphique ci-dessous, les réserves internationales sont encore loin de couvrir 3 mois d'importations depuis la fin de la décennie 90 jusqu'à ces jours.

Graphique 1.17 : Evolution des réserves internationales en RDC

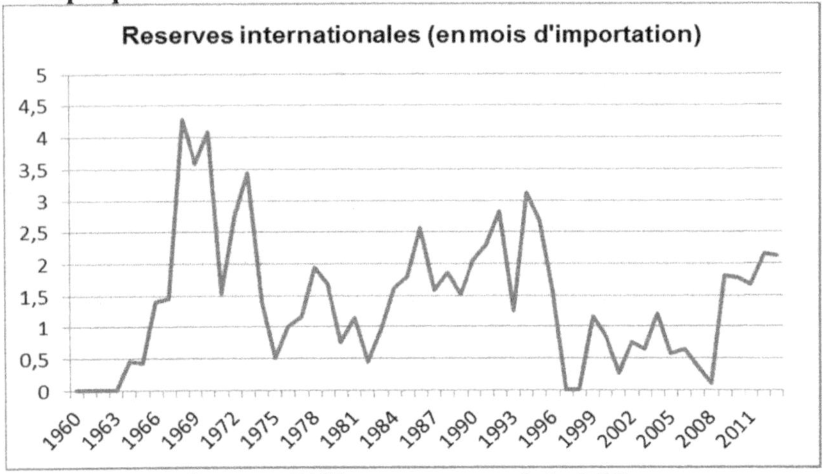

Source : Différents rapports de la BCC

Indice des termes de l'échange/ITE (indice des prix à l'export/indice des prix à l'import)

L'on notera ce qui suit :

- Si ITE baisse, le pays achète plus cher qu'il n'en vend : dégradation des termes de l'échange ;
- Si ITE augmente, le pays vend plus cher qu'il n'en achète : amélioration des termes de l'échange.

Le commerce extérieur de la RDC dépendant d'un marché restreint subit à la fois les prix des produits exportés (recul) et importés (hausse) causant la baisse des recettes d'exportation et la détérioration des termes de l'échange. A la lecture de ce graphique l'on observe que L'ITE a évoluée en dent de scie et cependant il appert qu'il y a plus de dégradation de l'ITE que d'amélioration. Cela nous renseigne que la RDC achète plus cher qu'il n'en vend. Et cette situation fait que la BCC ne détienne pas un matelas des devises importantes pour arrêter la descente aux enfers de la dépréciation de la monnaie nationale et stabiliser le taux de change. Le graphique 1.18ci-dessous nous montre que de 2007 à 2009, il y a dégradation de l'ITE ; de 2010 à 2011, il y a amélioration de l'ITE ; de 2012 à 2013, il y a retour à la dégradation de l'ITE, et à partir de 2014, l'amélioration de l'ITE refait surface.

Graphique 1.18 : Evolution de l'indice des termes de l'échange en RDC

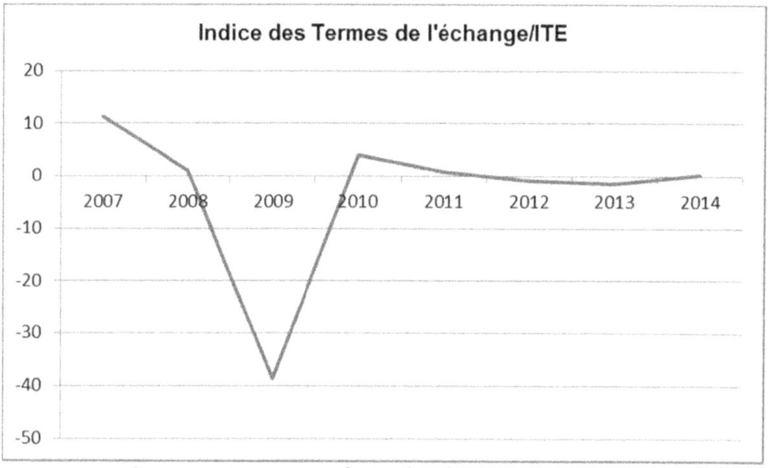

Source : Auteur, sur base des données de la BCC

Orientations stratégiques de la politique commerciale

- Mettre en place un outil statistique et informatique fiable pour quantifier les exportations et les importations sur tout le territoire national ;
- Diversifier les exportations notamment des produits manufacturés ;
- Renforcer la compétitivité des produits « made in Congo » à l'interne et à l'externe ;

- Mettre en place les mécanismes de facilitation fiscale et douanière du commerce.

Nonobstant la détérioration de la balance des comptes courants, la balance des paiements pourrait enregistrer une situation globale excédentaire induite par la bonne tenue du compte de capital et des opérations financières. Pour ce faire, il faudrait que :

- Les excédents de la balance commerciale se consolident ;
- Les exportations des biens et services s'accroissent ;
- Le déficit des revenus des investissements s'atténue ;
- Les entrées nettes au titre des transferts courants s'améliorent ;
- Les excédents du compte de capital et des opérations financières s'accroissent.

d) secteur public

Les politiques économiques appliquées au cours de ces cinq dernières années ont permis à la RDC de renouer avec la stabilité macroéconomique et la croissance. Le pays a réussi à rompre avec un passé de triste mémoire caractérisé par les périodes d'hyperinflation, de déficits publics et d'endettement. L'inflation a été ramenée en dessous de la barre de 4.0% depuis 2012, et la balance du budget sur ressources domestiques est devenue excédentaire. Le pays a renoué avec la croissance économique qui se situe au-dessus de la moyenne africaine et qui figure parmi les plus élevées au monde.

Nonobstant cette restauration économique, les efforts devraient se focaliser sur les performances du secteur public en vue de conduire l'économie et la société congolaise vers l'émergence. En plus de la stabilisation macroéconomique, parvenir à l'émergence exige une ferme volonté politique de nature à renforcer le rôle de l'Etat, à doter les institutions du pays des moyens pour la formulation et la mise en place des stratégies et politiques de développement, et à mettre un frein à toutes les pratiques de mauvaise gestion de la chose publique.

L'on notera en gros que relever les défis économiques et sociaux, et parvenir à l'objectif de l'émergence à l'horizon 2030 nécessitent une meilleure performance du secteur public. Nous discutons des performances du secteur public dans les lignes qui suivent, en passant en revue l'évolution des dépenses publiques, autant pour les recettes publiques et la dette publique.

- ***Les dépenses publiques***

La question de gestion des dépenses publiques en RDC réside sur deux axes principaux dont : la problématique de la mobilisation des ressources publiques et les questions liées à l'allocation ainsi que la pertinence des choix à cet effet. Voilà donc comment la politique budgétaire ne porte pas les effets escomptés depuis bien de temps.

Les dépenses publiques de la RDC sont caractérisées par leur pro-cyclicité (*elles évoluent dans le même sens que le PIB ou les revenus, Cfr graphique ci-dessous*) et leur insuffisance par rapport aux besoins de développement du pays. La taille de la dépense publique financée sur ressources domestiques demeure modique. La dépense publique a atteint 19.1% du PIB en 2013 contre 10% en 2004. L'essentiel de cet accroissement a été réalisé dans les dépenses financées sur ressources domestiques qui ont presque doublé, atteignant 12.5% du PIB en 2013 contre 6.4% en 2004. L'Etat congolais a collecté, en effet, 13.0% du PIB en recettes domestiques en 2013 contre 6.0% en 2004. La dépense totale a été en moyenne de 17.5% du PIB entre 2008 et 2013. Cependant, bien que ce niveau de dépense ait été au-dessus de la moyenne des pays les moins développés (15.9% du PIB entre 2009 et 2010), il est resté en dessous de la moyenne des pays en développement de l'Afrique subsaharienne (24% du PIB entre 2008 et 2012).

Graphique 1.19 : Evolution des dépenses publiques et du PIB en RDC

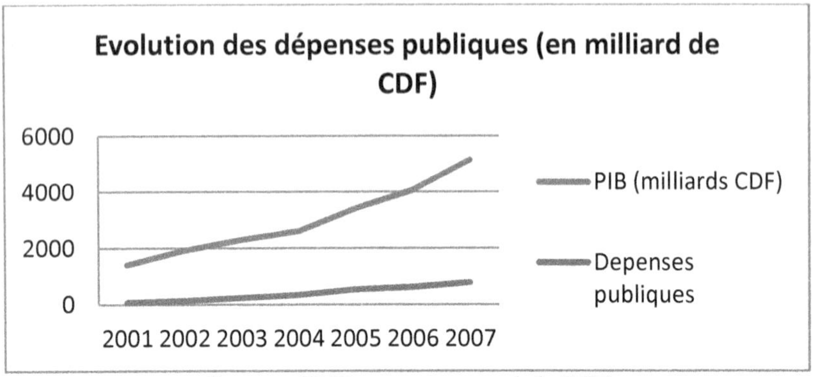

Source : Différents rapports de la BCC

Pour plus d'efficacité dans la gestion de la dépense publique, un strict respect des textes de préparation et exécution du budget est indispensable. Le manque de conformité entre les travaux budgétaires (partant de la conférence budgétaire) et les priorités dans les actions du gouvernement traduisent en partie le faible taux d'exécution pour certains secteurs d'activités. Le dysfonctionnement dans le processus ainsi que l'opacité dans la passation des marchés publics contribuent aussi à la réduction du taux d'exécution des programmes et aux défaillances sectorielles rencontrées. Pour y remédier, la DGCMP, l'ARMP et toutes les cellules de passation des marchés doivent être dotées des moyens nécessaires pour leur fonctionnement harmonieux sans arbitrage.

- ***La gestion optimale des dépenses publiques pour le développement à long terme***

La bonne gestion des dépenses publiques est celle qui permet d'augmenter les perspectives de développement économique et social de la population, et améliorer son bien-être. Ainsi, la dépense publique devra à la fois être suffisante, efficace, efficiente et équitable.

La dépense publique est suffisante lorsque les ressources consacrées atteignent un niveau qui, en principe, permet au secteur public de fonctionner et générer les résultats escomptés. Elle est efficace lorsqu'elle permet de générer les résultats escomptés. Elle est efficiente lorsqu'elle permet de générer les résultats escomptés avec moins des ressources qu'initialement prévues, ou encore lorsque ses réalisations vont au-delà des assignations. Enfin, elle est équitable lorsqu'elle profite essentiellement aux couches les plus vulnérables de la société. Les concepts suffisance, efficacité, efficience et équité de la dépense publique sont intimement liés et s'influencent mutuellement aussi bien à l'intérieur du même secteur, entre secteurs qu'au niveau du secteur public dans son ensemble.

L'optimalité des dépenses publiques à long terme en RDC peut être atteinte lorsque la politique budgétaire sera orientée, conçue et appliquée effectivement vers des objectifs de relance économique par un soutien effectif au secteur réel de l'économie. Ceci implique une redéfinition des politiques fiscales ayant comme socle la promotion des activités industrielles nationales.

▸ ***Les recettes publiques***

Comme on peut le lire sur le graphique ci-dessous, les recettes publiques ont connu, pour la période 2001-2012, une trajectoire ascendante. L'accroissement des recettes observé pendant cette période est tributaire de la croissance économique, de la quasi-stabilité politico-sécuritaire, des réformes en matière des finances publiques, et de toutes les autres réformes entreprises par le gouvernement.

Graphique1.20 : Evolution des recettes publiques

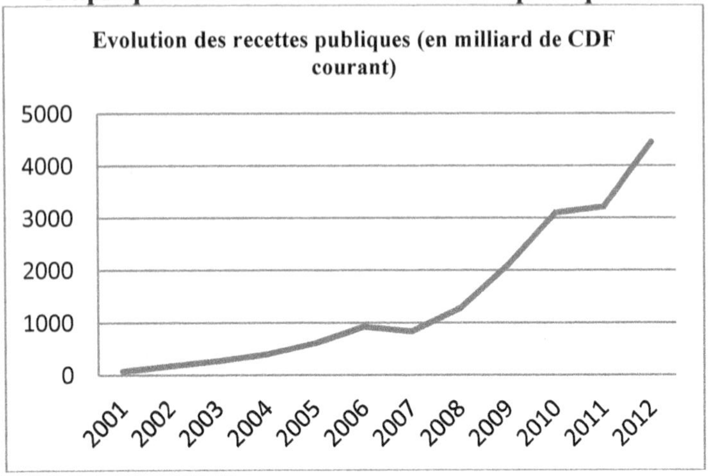

Source : Différents rapports de la BCC

Cependant, les recettes publiques en RDC restent en dessous du potentiel, notamment les recettes en provenance des ressources naturelles. Elles ne dépassent pas 13.0% du PIB, soit deux points de moins que les pays les moins développés. Or, le potentiel de mobilisation supplémentaire serait de huit points de pourcentage du PIB venant essentiellement du secteur des ressources naturelles.

Graphique 1.21 : Evolution des recettes publiques en % du PIB (2001-2012)

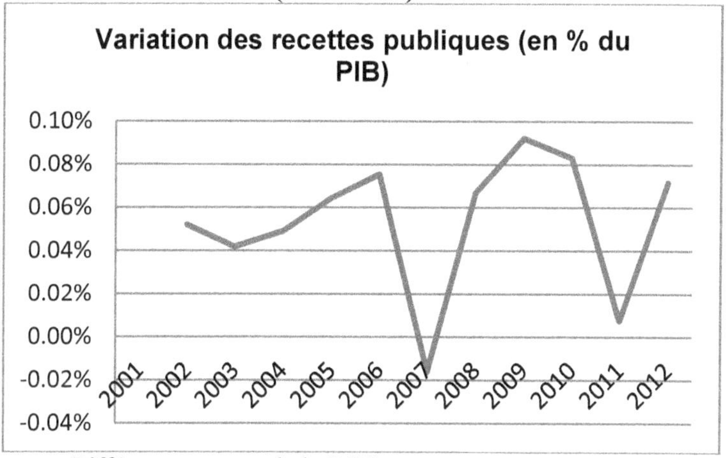

Source : Différents rapports de la BCC

Pour accroître substantiellement les recettes de l'Etat, il tient de reformer le cadre légal du secteur des ressources naturelles et mettre en place une chaîne des recettes publiques. Aussi, assurer des capacités administratives et institutionnelles adéquates pour la gestion de ce secteur.

L'efficacité du secteur public est, de même, tributaire d'une meilleure gouvernance dans la gestion des entreprises publiques et des services générateurs des recettes de l'Etat. Cette efficacité dépend aussi de celle des processus budgétaires et de passation des marchés publics en vigueur. La consolidation budgétaire doit se traduire par une compression des dépenses non prioritaires et une prohibition des taux d'exécution allant au-delà de 100% des crédits alloués. L'élaboration du budget doit être alignée sur les priorités des actions du gouvernement et éviter les financements contreproductifs.

L'efficacité du secteur public devra s'étendre sur les actions à mettre en place pour stimuler les performances des autres secteurs d'activités porteurs de développement. Il s'agit de donner la capacité à subvenir aux besoins de plus vulnérables en ce qui concerne l'alimentation, l'éducation, la santé, le logement, le transport, etc.

Quant au taux de prélèvement fiscal, calculé sur les seules recettes internes, qui se situait à 3.0% en 2001, a été de 12.8% en 2012 (Cfr. *tableau 1.9 et graphique 1.22* ci-dessous). Comparé au potentiel fiscal, ce taux de prélèvement dégage un effort fiscal négatif sur toute la période 2001-2012. Ceci entraîne un manque à gagner énorme pour les pouvoirs publics malgré la trajectoire ascendante des recettes. Cela prouve que les prévisions budgétaires ne sont pas estimées à leur juste valeur, que la capacité nationale à mobiliser les recettes publiques demeure faible, et qu'il y a persistance du coulage des recettes publiques.

Tableau 1.13 : Taux de prélèvement et potentiel fiscal en RDC

Année	2001	2002	2003	2004	2005	2006	2007	2008	2009	2010	2011	2012
Taux de prélèvement	3.0%	4.6%	4.8%	5.3%	5.6%	7.5%	10.3 %	11.3 %	9.6%	13.7 %	11.4%	12.8 %
Potentiel fiscal	4.96 %	5.02 %	7.62 %	9.34 %	9.93 %	11.16 %	15.95 %	17.10 %	15.74 %	20.18 %	21.67 %	20.91 %
Effort fiscal	- 1.96 %	- 0.42 %	- 2.82 %	- 4.04 %	- 4.33 %	- 3.66 %	- 5.65 %	- 5.80 %	- 6.14 %	- 6.48 %	- 10.27 %	- 8.11 %

Source : Auteur sur base des différents rapports ITIE, BCC, Ministère du budget de 2008 à 2014.

Graphique1.22 : Evolution du taux de prélèvement, du potentiel fiscal et effort fiscal

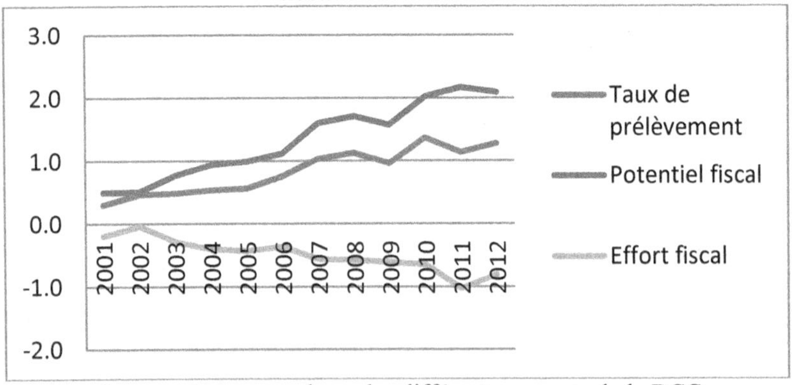

Source : Auteur, sur base des différents rapports de la BCC

▶ ***La dette publique***

La genèse de la crise de la dette congolaise date des années 1970 où il y a eu rupture de l'équilibre de la balance des paiements ainsi que les désastres des mesures de nationalisation et de zaïrianisation. Ces déséquilibres ont été nourris par le premier choc pétrolier (1973) et la chute du cours de cuivre (second trimestre 1974). C'est ainsi que la RDC a été obligée de recourir aux liquidités internationales du FMI.

Par ailleurs, durant la période 1969-1980, la RDC a poursuivi avec la politique d'industrialisation et d'équipement (les grands travaux). Malheureusement, c'est fut des investissements somptueux et non rentables qualifiés des « éléphants blancs et/ou canards boiteux » : investissements fictifs, usines fantômes, infrastructures à destination non économique, industries non rentables, etc. Il s'en est suivi l'accroissement de l'endettement du pays. Ces emprunts, utilisés pour la plupart dans les investissements à rentabilité douteuse, n'ont pas créé de richesses capables d'éponger leur remboursement et le service de la dette. Par contre, leurs taux d'intérêt débiteurs ne faisaient que gonfler avec le temps.

Tableau 1.14 : Stock de la dette extérieure de la RDC en 2002

Le stock de la dette extérieure de la RDC avant la restructuration de 2002 (décembre 2001)				
Composition de la dette	**Dette en millions USD**	**Part du total**	**Arriérés en millions USD**	**Part du total**
Total	13 879,6	100%	10 925,2	100%
Multilatéral	3 362,5	24,2%	1 806,2	16,5%
Groupe Banque mondiale	1 359,7	9,8%	317,6	2,9%
BIRD	128	0,9%	128	1,2%
IDA	1 231,7	8,9%	189,6	1,7%
Banque africaine de dév.	1 186,3	8,5%	785,9	7,2%
FMI	502,9	3,6%	502,9	4,6%
Union européenne	168,1	1,2%	79,6	0,7%
Bilatéral et commercial	10 380,4	74,8%	8 982,3	82,2%
Club de Paris	9 779,6	70,5%	8 486,4	77,7%
Autres bilatéraux	435	3,1%	346,8	3,2%
Commercial	165,8	1,2%	149,1	1,4%
Dette à court terme	136,8	1%	136,8	1,3%

Source : FMI (2003), tiré de Zacharie et Arnaud, « Dette et développement : les défis du financement du développement en RDC », conférence du CREAC-22 février 2008.

a) Au plan interne

Sur le plan interne, il y a lieu de relever les contraintes et faiblesses suivantes en RDC :

Les recettes publiques

- Faible mobilisation des recettes publiques ;
- Persistance de coulage des recettes publiques ;
- Manque de crédibilité des prévisions des recettes publiques ;
- Faiblesses de certains textes juridiques (code minier, code d'investissement, décret portant TVA, etc.).

Le crédit à l'économie

- Faible taux du crédit à l'économie (moins de 5% du PIB en moyenne) ;
- Les crédits accordés sont basés sur le financement des fonds de roulement des entreprises (commerce et transport) et non sur le financement des projets de développement ;
- Faible taux d'épargne (12.4%) ;
- Taux d'emprunt exorbitant (le coût du crédit bancaire est de 19% en moyenne, 2014) et remboursable à court terme. Dans les économies émergentes, le coût du crédit bancaire se situe à moins de 10% ;
- Faible taux rémunérateur de l'épargne (9% en moyenne) ;
- Faible taux de bancarisation (moins de 10%) ;
- Absence d'un marché financier ;
- Garanties bancaires excessives (titres fonciers, gage/hypothèque de valeur allant jusqu'à cinq fois et plus le montant du capital emprunté, etc.).

La RDC doit passer d'une économie d'endettement (basée sur l'épargne bancaire) à une économie de marché financier (où sont drainés des milliards de dollars) pour espérer lever des fonds colossaux à même de financer son émergence. Pour ce faire, étant donné que le pays n'appartient pas à une zone monétaire, les efforts sont à fournir dans l'amélioration de l'image du pays en mettant en place des institutions efficaces et crédibles, gages d'une bonne cotation sur les places financières internationales.

La dette intérieure

Evaluée à 3.9% du PIB, elle est composée essentiellement d'arriérés budgétaires. L'Etat congolais n'est plus crédible pour financer l'économie par la dette intérieure. Aussi, vu la modicité de l'épargne domestique, en recourant au financement par la dette intérieure, il y a risque d'effet d'éviction qui étouffera le secteur privé. Si la dette intérieure a l'avantage d'aider à capter l'épargne nationale pour des programmes de développement sans risque de taux de change, elle reste néanmoins modique et limitée, surtout pour des titres à long terme (*sur plus de 10 ans*).

Suite aux difficultés de remboursement de la dette, le pays avait signé plusieurs accords de rééchelonnement de la dette avec le FMI entre 1978 et 1989. Ces accords, appelés PAS, contenaient un ensemble des mesures économiques dont notamment : la restriction du secteur informel, la dévaluation de la monnaie, le blocage des salaires (relatif et absolu), la limitation des crédits à l'économie, la limitation des dépenses publiques (dépenses sociales) et le remboursement de la dette publique.

Les PAS ont eu un bilan mitigé sur l'histoire économique de la RDC : elles n'ont pas cassé le déséquilibre de la balance des paiements, le remboursement de la dette a augmenté sensiblement (près de 50% du budget en 1986), et il y a eu blocage du fonctionnement de l'appareil de l'Etat.

L'échec de ces accords (PAS) ont conduit le FMI et la Banque mondiale à rompre la coopération avec la RDC en 1990. Pour la RDC, les reproches issus à cet échec sont : la mal préparation des négociations, l'absence des analyses cohérentes de portée macroéconomique soutenable, le maquillage des états financiers. Quant aux institutions de Bretton-woods, le reproche était le manque de clairvoyance dans l'appréciation de la crise de la dette congolaise et de ses effets particuliers. Le déséquilibre de la balance des paiements de la RDC n'était pas un phénomène conjoncturel, ni monétaire et financier (comme envisagé dans la deuxième moitié de la décennie 1970), mais un phénomène plutôt structurel.

Pour annuler la dette publique, il eut fallu que le PIR soit mis en œuvre en 2001, programme qui avait remis la question de la dette sur la table des négociations avec les créanciers de la RDC. Le programme avait aussi pour objectif de faciliter la reprise du dialogue avec les partenaires extérieurs afin de résoudre le problème de l'endettement extérieur et d'amorcer la relance des investissements étrangers devant soutenir celle de l'économie.

Les contreperformances macroéconomiques, la lenteur des réformes et la non-exécution du DSCRP ont empêché la RDC d'atteindre le point d'achèvement de l'IPPTE en 2007, pendant que le point de décision fut atteint en 2003. Il a fallu attendre une exécution satisfaisante du PEG II pour que la RDC atteigne enfin le point d'achèvement de l'IPPTE en juillet 2010, avec comme corollaire l'annulation de 74,6% de la dette.

Somme toute, pour assurer la viabilité et la soutenabilité de la dette publique, la contraction de la dette publique devra être centralisée. L'endettement public doit être utilisé comme un outil efficace pour identifier et rechercher les sources de financement de l'économie selon la règle coût/risque. La gestion de la dette intérieure sera aisée par la mise en place d'un plan de remboursement.

1.3. Examen des conditions sociales en RDC

En 2014, le PNUD, dans son Rapport Mondial sur le Développement, classe la RDC à la 186ème position sur 187 pays enregistrés, avec un IDH à 0,338 en 2013 contre 0,304 une année plus tôt. Cette position peut trouver des explications dans les lignes qui suivent où nous passons en revue les conditions sociales dans lesquelles vivent les Congolais. Nous allons essentiellement montrer la manière dont la population congolaise est répartie et les difficultés sociales auxquelles se butent les Congolais en général, en termes d'accessibilité à l'eau potable et aux soins de santé, ainsi que les inégalités sociales et polarisations des revenus ; nous analyserons également le contenu social des performances économiques réalisées en RDC.

1.3.1. Dynamique de la population

La dynamique de la population nous permet de comprendre la concentration de la population d'après différentes zones ou différents milieux du pays afin de vérifier si l'accessibilité aux services sanitaires de base serait liée à la manière dont la population est répartie sur le territoire national.

Tableau 1.15 : Caractéristiques démographiques de la population par milieu de résidence.

	Kinshasa	Autre Urbain	Milieu Urbain	Milieu Rural	RDC
Population (%)	11,7	27,1	38,8	61,2	100
Age/an					
- de 0–14	36,3	45,3	42,6	47,6	45,7
- de 15–59	58,2	50,6	52,9	47,7	49,7
- 60 ans et plus	5,3	3,9	4,3	4,5	4,4
Total	**100**	**100**	**100**	**100**	**100**
Age moyen	24,7	21,3	22,3	21,3	21,6
Age median	21	17	18	16	16
Femmes (%)	52,6	50,6	51,2	50,6	50,8

Source : Enquête 1-2-3 Nationale, 2012, INS, RDC.

Ce tableau laisse lire que la population congolaise est fortement concentrée en milieu rural. En fait, environ 61,2% de la population congolaise vit en milieu rural et seulement 38,8 en milieu urbain.

La RDC est le troisième pays le plus peuplé d'Afrique subsaharienne avec une population estimée à 80 millions d'habitants en 2017, mais disproportionnellement répartie sur le territoire national. Le pays est sous-peuplé avec seulement 24 habitants au km2. Il sied de souligner que, particulièrement, la ville Province de Kinshasa a une très forte densité (avec 577 habitants au km2) suite à l'exode rural lié aux conflits et à la dégradation des conditions de vie en milieu rural, et à la concentration des infrastructures économiques, scolaires, universitaires et sanitaires ainsi que des institutions administratives et politiques. Ceci crée dans l'imaginaire de la population rurale l'idée de bénéficier d'une meilleure offre d'emploi dans la capitale qu'en Province.

La population d'âge économiquement actif (20-64 ans), c'est-à-dire les adultes qui doivent prendre en charge à la fois des enfants et des vieillards, représente 40% de la population totale, soit 38,8% chez les hommes et 41,2% chez les femmes. La diversité géographique, ponctuée par les forêts et les cours d'eau, se combine à la grande diversité culturelle et linguistique pour accentuer la dispersion et l'enclavement géographiques de différents groupements humains. Ainsi, l'ampleur des besoins sociaux de base, en l'occurrence des besoins sanitaires, à satisfaire s'articule, pour les politiques nationales, à la complexité d'atteindre des populations dispersées sur de vastes étendues et, de surcroît, dans des zones d'accès très difficiles.

Pour l'ensemble du pays, l'incidence de la pauvreté (71,34%) est très élevée si on la compare à celle des autres pays de l'Afrique Centrale. En effet, la pauvreté atteint des proportions effroyables, touchant plus de 70% de la population du pays. L'ampleur de la pauvreté varie considérablement d'une région à une autre, selon qu'on réside en milieu urbain et rural ;aussi selon les groupes socioprofessionnels (*les travailleurs indépendants et les apprentis sont les plus pauvres (77%), suivis des manœuvres, des employés et ouvriers semi qualifiés (66%) ; on compte plus de 40% de pauvres parmi les cadres de direction et de collaboration*) ; ainsi que selon les groupes sociodémographiques (*la pauvreté frappe surtout les ménages où l'âge du chef est compris entre 30 et 65 ans (plus de 70% de pauvres)*).

1.3.2. Accès à l'eau potable, à l'hygiène et à l'assainissement en RDC

Parlant des conditions sanitaires, très peu des congolais ont accès à l'eau potable, bénéficient des conditions d'hygiène favorables et vivent dans un milieu relativement salubre ; une grande partie de la population congolaise vit dans une situation d'exclusion sociale (*deux personnes sur cinq consomment de l'eau issue d'une source améliorée*).

L'accès aux conditions sanitaires favorables est dépendant de la situation géographique dans laquelle on se trouve. En effet, 31% de la population rurale ont accès à des sources d'eau potable contre 83% en zones urbaines. Suivant le rapport MICS (2010), 77% de la population vivent dans un environnement insalubre dans les milieux ruraux contre 42% en zones urbaines.

*Le tableau 1.11*ci-dessous fait ressortir des disparités encore plus importantes : seuls 4 pour cent des ménages en zones rurales utilisent des installations sanitaires saines, tandis qu'ils sont 36 pour cent en zones urbaines.

Le contexte du secteur de l'eau, de l'hygiène et de l'assainissement en RDC (*milieu insalubre, faible accès à une eau potable et manque d'éducation populaire en matière d'hygiène*) est la cause de la propagation de nombreuses maladies et de décès. Suivant l'enquête MICS (2010), moins de 60 % des Congolais se lavent les mains avant de manger, et moins de 35% pratiquent ce geste après avoir utilisé les latrines.

Les enfants sont particulièrement vulnérables aux maladies d'origine hydrique. En RDC, le taux de mortalité des enfants de moins de 5 ans demeure élevé : 199 % en 2008. Selon l'OMS (2008), 17% des décès d'enfants de moins de 5 ans seraient causés par les maladies diarrhéiques, 17% par la malaria, et 7%

par le choléra (source Unicef : Eau, Hygiène et Assainissement. Programme 2007-2012).

Tableau 1.16 : Accès à l'eau potable, à l'hygiène et à l'assainissement en RDC

Pourcentages de personnes ayant accès à l'eau potable		
National	Milieux urbains	Milieux ruraux
47	83	31
Pourcentages des personnes ayant utilisé des installations sanitaires améliorées.		
National	Milieux urbains	Milieux ruraux
14	36	4

Source : Rapport MICS, 2010

1.3.3. Etat de santé de la population congolaise

a) La mortalité générale[(14)]

Les enquêtes rétrospectives sur la mortalité ont fait apparaître un taux de mortalité extrêmement élevé parmi les populations affectées par les conflits armés, et l'on estime que 3.8 millions de décès peuvent être attribués à la guerre depuis 1997. La mortalité infanto juvénile est passée de 192 à 220 décès pour 1000 naissances vivantes entre 1990 et 2001. Ce taux représentait entre 450.000 à 500.000 décès chaque année dans cette tranche d'âge (évaluation faite sur base d'une population estimée à 58.3 millions d'habitants).

b) La santé de l'enfant de moins de 5 ans

Dans les régions affectées par les conflits, ce taux de mortalité infanto juvénile est extrêmement élevé. Dans la moitié orientale du pays, il était estimé jusqu'à 408 décès pour 1000 naissances vivantes en 2002.

La fin des conflits armés, ainsi que les différentes actions entreprises dans le secteur par le gouvernement congolais et ses

[14]*Rapport narratif : Profil pharmaceutique de la RDC, Juin 2011*

partenaires ces dernières années, ont contribué à faire infléchir le taux de mortalité des enfants de moins de 5 ans.

c) Le niveau de l'éducation en RDC

Le besoin pour une éducation primaire, secondaire et universitaire de qualité, qui soit accessible à tous, est jusqu'à ce jour un sujet au cœur de l'actualité en RDC.

Les difficultés d'accès aux établissements scolaires pour les enfants sont dues en majorité aux faibles revenus des ménages congolais ainsi qu'à leur carence dans les milieux ruraux. Le problème d'accessibilité monétaire renvoie à l'incapacité des parents à envoyer un ou deux de leurs enfants à l'école parce qu'ils ne disposent pas de revenus monétaires à même de couvrir l'ensemble des frais scolaires de leurs enfants.

Selon le rapport du MICS 2010, « la fréquentation scolaire en RDC indique que 75 pour cent des enfants d'âge scolaire primaire fréquentent l'école primaire, et seuls 32 pour cent des enfants d'âge scolaire secondaire fréquentent l'école secondaire. En d'autres termes, 3 enfants sur 4, en âge de scolarisation primaire, ont accès à l'éducation, et 2 enfants, en âge de scolarisation secondaire, sur 5 y ont accès. Les filles et les garçons fréquentent l'école primaire à peu près dans la même proportion ; l'Indice de parité entre les sexes (IPS) est de 0,93. Cependant, au niveau de l'école secondaire, l'IPS est de 0,81, dénotant que les filles fréquentent l'école secondaire nettement moins que les garçons ».

En plus, environ 28 pour cent d'enfants âgés de 5 ans fréquentent l'école. Seulement 54 pour cent des enfants âgés de 6 ans fréquentent l'école, l'âge de 6 ans étant l'âge officiel de début de scolarité en RDC. La fréquentation scolaire pour les enfants de 6-11 ans varie entre 54 et 79 pour cent, et commence à baisser pour les enfants de plus de 11 ans. Douze à dix-sept ans est la fourchette d'âge officielle pour le second cycle du secondaire. Peu de membres des ménages âgés de 20 ans fréquentent l'école. Les différentiels entre les sexes existent et augmentent avec l'âge à partir de 12 ans. En effet, pour la population comprise entre 12 -21 ans, plus de garçons que de filles semblent fréquenter l'école.

En ce qui concerne l'enseignement supérieur et la recherche scientifique, la demande est très forte (le nombre d'étudiants est passé de 240.000 en 2006 à plus de 300.000 en 2008, dont environ 80% dans le public). Ceci met la pression sur un sous-secteur présentant des problèmes aigus d'infrastructures, d'équipements, de personnel (*déficit quantitatif d'enseignants et de chercheurs, formation insuffisante, déséquilibre entre personnels enseignants et administratifs, etc.*) et d'organisation. Ainsi, on note une explosion récente et incontrôlée du nombre d'institutions d'enseignement supérieur. En outre, le rendement externe faible du sous-secteur traduit l'inadéquation actuelle entre la demande de l'appareil productif et l'offre du système éducatif. Enfin, signalons les déséquilibres géographiques (44,4% des étudiants sont concentrés à Kinshasa) et de genre (*les filles ne représentaient que 26% des effectifs en 2008, en légère augmentation depuis 2006*).

1.3.4. Inégalités des niveaux de vie en RDC

L'évolution de l'inégalité entre les ménages congolais est rendue plus forte dans le milieu urbain, mais aussi dans le milieu rural (*Tableau 1.12*). Ainsi, l'indice de Gini est de 40% en 2005 contre 64% en 2012, ce qui montre l'existence des inégalités de distribution de la richesse entre les ménages, inégalités qui font qu'une partie importante de la population devienne vulnérable.

Tableau 1.17 : Évolution de l'indice d'inégalité de Gini selon le milieu de résidence

Indice de Gini	2005	2012
Rural	0,35	0,64
Urbain	0,38	0,62
Villages	0,35	0,64
Cités	0,35	0,68
Villes	0,39	0,61
National	**0,40**	**0,64**

Source : Calcul de l'auteur sur base des données d'enquêtes 1-2-3 (2005 & 2012).

En comparant ces deux années, il est remarqué que le niveau d'inégalité est resté stable et élevé entre les ménages congolais durant ces dernières années. Ici, l'on notera que les divers chocs et différentes politiques économiques qu'a connus le pays pendant des années ont probablement eu des effets négatifs, du moins pas nettement positifs, sur les parts relatives des consommations des populations pauvres.

Ce taux élevé d'inégalité pour le milieu urbain en 2005, montre que ce phénomène s'accentuait dans les villes plus que dans les villages. Ce phénomène traduit les effets conjugués de plusieurs facteurs, entre autres la pression démographique qui s'exerçait sur ce milieu depuis la dégradation de la situation sécuritaire dans le pays, les flux migratoires internes vers le milieu urbain, etc. En effet, les agglomérations urbaines ont vu leur population augmenter pour créer une situation de pression continue sur les villes, laquelle a à son tour accentué la demande de travail, les besoins en logement et en services publics de manière générale, et par endroit, a élargi le fossé d'inégalité au sein de la population (Moummi, 2010). Malgré qu'il y a une légère amélioration du niveau d'inégalités dans le milieu urbain, la répartition de la richesse n'est plus modérée, elle est devenue un peu excessive ; autrement dit, la plus inégalitaire avec un coefficient de Gini de 0,64 dans l'ensemble.

1.3.5. Polarisation des revenus en RDC

Dans les tableaux ci-dessous, nous présentons pour chaque groupe d'individus, les indices de polarisation (FW et DER avec α=0,5), les indices d'aliénation et d'identification ainsi que la covariance normalisée de ces deux indices.

Tableau 1.18 : Évolution de la polarisation des revenus selon le milieu de résidence

			2005		
Groupe	FW	DER			
		Polarisation	**Aliénation**	**Identification**	**Covariance normalisée**
National	0,3747	0,2397	0,3992	0,7393	-0,1878
Urbain	**0,3112**	**0,2340**	**0,3823**	**0,7585**	-0,1930
Rural	0,2963	0,2197	0,3506	0,7451	-0,1591
Ville	**0,3196**	**0,2360**	**0,3866**	**0,7485**	-0,1843
Cité	0,2762	0,2220	0,3505	0,7766	-0,1844
Village	0,2963	0,2197	0,3506	0,7451	-0,1591
			2012		
Groupe	**FW**	**DER**			
		Polarisation	**Aliénation**	**Identification**	**Covariance normalisée**
National	0,6278	0,3725	0,6441	0,7968	-0,2742
Urbain	**0,5192**	**0,3645**	**0,6202**	**0,7947**	-0,2604
Rural	0,5905	0,3685	0,6397	0,8023	-0,2819
Ville	**0,5117**	**0,3583**	**0,6064**	**0,7903**	-0,2523
Cité	0,6425	0,3685	0,6397	0,8023	-0,2819
Village	0,5905	0,4057	0,6772	0,8401	-0,2869

Source : Calcul de l'auteur sur base des données d'enquête 1-2-3 (2005 & 2012).

La polarisation est donc un phénomène réel en RDC. En 2005, selon le milieu de résidence et pour les deux indices calculés, il ressort du tableau ci-dessus que ces derniers sont significativement plus élevés en milieu urbain qu'en milieu rural. Il y a donc une forte polarisation des dépenses de consommation des ménages en milieu urbain par rapport au milieu rural. Ceci s'explique par des comportements économiques et sociologiques ou du fait que le sentiment d'aliénation et d'identification y sont très élevés relativement au milieu rural.

L'on note que le milieu urbain est le plus inégalitaire et le plus polarisé, les inégalités intragroupes y sont très fortes. Plus les valeurs de ces mesures tendent vers zéro, moins polarisée est la distribution des dépenses, alors que lorsque ces valeurs tendent vers un, plus polarisée est la distribution des dépenses ou des revenus. Nous en déduisons que l'inégalité et la polarisation existent dans ce milieu. Par contre, en 2012, la situation devient tout à fait contraire, le milieu rural devient plus polarisé que le milieu urbain. Par ailleurs, la polarisation est forte dans les cités et faible dans les villes. Le ressentiment des individus vivant dans les cités à l'égard des autres prouvent sa forte polarisation.

En termes de politiques économiques, la compréhension de la situation et de l'évolution de ces deux phénomènes (inégalité et polarisation) selon le milieu de résidence sur une longue période comme celle que notre étude couvre, peut aider le pays à éviter ou du moins à alléger les tensions entre les groupes sociaux. Cette compréhension permet aussi d'évaluer les risques de frustration ou encore d'exclusion entre les populations des deux milieux de résidence qui pourraient résulter d'une répartition polarisée des niveaux de vie. Cette même compréhension peut enfin aider les décideurs à identifier les mesures à prendre pour éviter les tensions sociales et les troubles associés.

En gros, nous avons noté que la polarisation et l'inégalité en RDC ont sensiblement accru au fil du temps dans l'ensemble du pays. Il est ainsi plus que nécessaire pour les décideurs de trouver des solutions aux problèmes de la pauvreté en mettant en œuvre des mesures devant améliorer les conditions de redistribution des fruits de la croissance. Il est aussi important de relever le caractère asymétrique du niveau de développement entre les milieux ruraux et urbains, ces derniers bénéficiant plus des retombées de la croissance que les milieux ruraux.

1.3.6. Performances économiques et sociales en RDC

Après une longue période de crises et instabilités politiques, qui ont détérioré le tissu économique congolais (*accroissement de la dette publique, hyperinflation, repli constant du PIB, etc.*), rappelons-le, le pays connait une restauration économique depuis les débuts des années 2000, avec un taux de croissance en progression sur la décennie, comme on peut le constater dans le graphique suivant.

Graphique 1.23 : Contribution sectorielle à la croissance

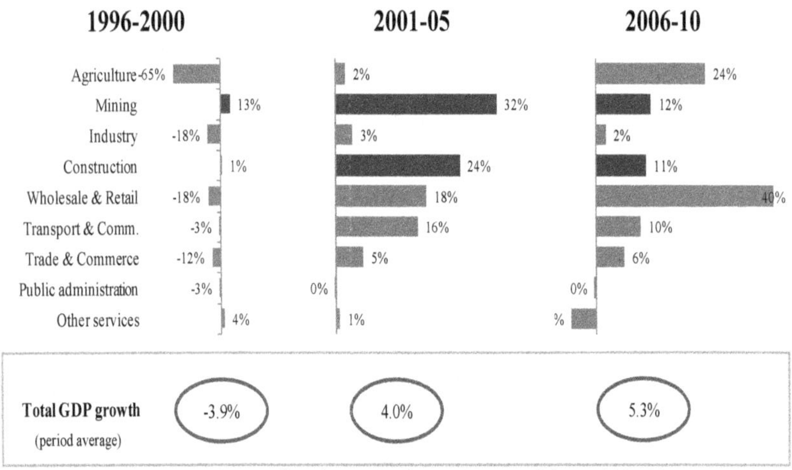

Source : Dömeland, D., Kabuya K. et Kid M. (2012)

A partir de 2002, le pays connait un taux de croissance positif de 3,5% après une longue période de récession, dans un contexte d'inflation et de taux de change relativement stables. Notre exercice ici consiste à examiner l'évolution de certains indicateurs sociaux de base à la suite des performances économiques. Il sied de noter que l'année 2002 représente un point de retournement de tendance, aussi nous essayons de comprendre d'abord cette performance au regard de son impact social, et ensuite analyser les performances économiques sur la période 2012-2015.*

a) Contenu social de la croissance économique de 2002

La croissance macroéconomique de 2002 (3,5%) n'a pas contribué à réduire la pauvreté, ni baisser les inégalités distributives, toutes choses restant égales par ailleurs. Cette croissance, de court terme, est restée neutre sur le bien être ou bonheur humain des peuples. En fait, comme le souligne Kalonji N. (2003) :

- La croissance économique réelle (1%), entre 1990-2000, s'est accompagnée d'une baisse de la consommation des ménages (-1.4%), une baisse de l'emploi (-2.5%), et un accroissement de l'inégalité distributive (+6,3%).

Sur base des résultats sur 1990-2002, « l'effet de passoire de la croissance » du taux de croissance réel de 3,5% obtenu en 2002 est analysé comme suit :

- La croissance économique réelle (3,5%) de 2002 s'est accompagnée d'une baisse de la consommation des ménages (-4.2%), une baisse de l'emploi (-7.5%), une détérioration de la gouvernance administrative (-3%), et un accroissement de l'inégalité distributive (+18.9%) ;
- La croissance de 2002 n'était pas pro-pauvre ;
- En 2002, il y a eu accroissement du taux de mortalité signalant la détérioration du bonheur (*longue vie, suppression des peines, minimisation des souffrances*) des peuples.

Tout ceci amène à retenir que les performances économiques en 2002 n'ont pas amélioré les conditions sociales. De quoi soutenir que les réformes et mesures de stabilisation de l'époque (PIR, PEG) n'étaient pas socialement efficaces, on ne devrait pas rechercher la croissance pour la croissance.

b) Performances économiques entre 2012 et 2015 et ses externalités sociales

La période « 2012 à 2015 » est caractérisée par des performances économiques quasi-exceptionnelles, comparativement aux valeurs historiques. On constatera dans le tableau suivant un taux de croissance de 8%, une inflation ramenée à 2% et un PIB par tête estimé à 493 USD.

Tableau 1.19 : Quelques indicateurs de performances économiques en RDC depuis 1960

Périodes	PIB par tête/usd	Taux de Croissance %	Taux d'inflation%	Croissance démographique%
1961-1964	399,06	-4,65	43,23	2,61
1965	403,44	4,11	8,50	2,76
1966	402,13	2,50	26,10	2,83
1977-1978	359,65	-2,44	65,35	2,90
1979-1980	333,62	1,05	67,90	2,80
1982	321,95	-0,45	35,30	2,61
1983-1986	355,32	3,04	48,38	2,68
1987	383,12	2,68	99,50	2,82
1988	390,96	0,57	121,50	2,96
1989	390,00	-1,36	95,80	3,21
1990	368,28	-6,57	233,20	3,51
1994-1997	247,41	-2,42	2718,48	2,94
2007-2008	313,47	6,25	18,75	2,86
2009-2011	353,34	5,63	26,20	2,82
2012-2015	***493,20***	***8,00***	***2,34***	***3,09***

Source : Lareq (2016)

Quant à l'impact sur le plan social de ces performances économiques, les données officielles[15] montrent une

[15] Matata P. (2016).

amélioration significative des principaux indicateurs sociaux de base :

- L'incidence de la pauvreté s'est inscrite à la baisse : de 1990 à 2012, l'on est passé de 80% à 63,4%, pour une projection <60% en 2015 et une cible OMD à 40%.

Graphique 1.24 : Evolution de l'indice de pauvreté

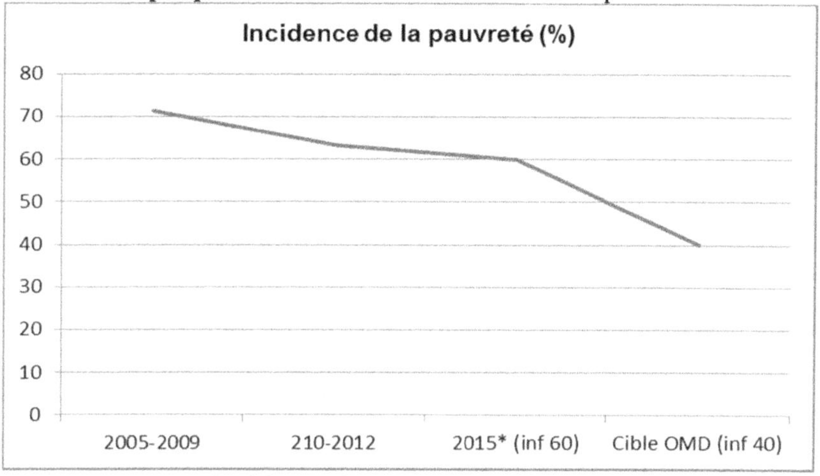

- La part de l'investissement en éducation dans le total s'est également améliorée de 9% en 2010 à 16,4% en 2014.

Graphique 1.25 : Evolution de la part de l'éducation dans le budget de l'Etat

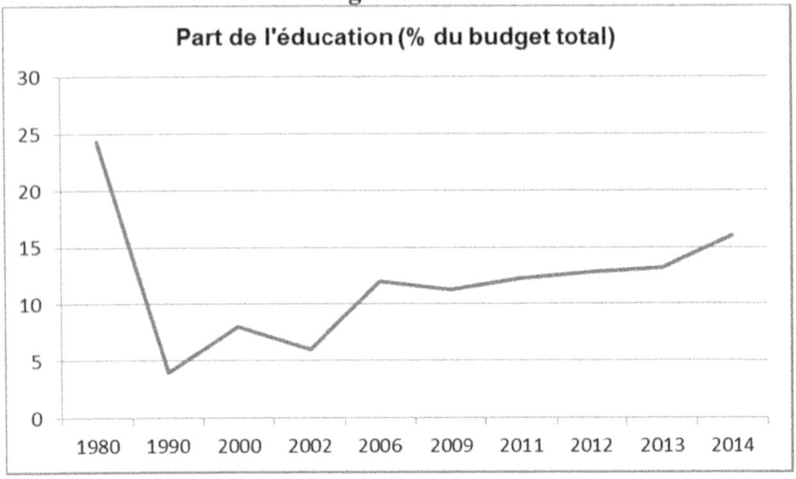

- La proportion de ménages ayant une consommation alimentaire inadéquate est à la baisse : de 2007 à 2012, l'on est passé de 43% à 38% ;
- La proportion d'enfants de moins de 5 ans présentant une insuffisance pondérale est à la baisse : de 1990 à 2013, l'on est passé de 28% à 22,6% ;
- Le taux d'achèvement du primaire s'est amélioré : l'on est passé de 24,8% en 2001 à 69,7% en 2014 ;
- La part de l'investissement en santé dans le total s'est améliorée : elle est passée de 1,4% à 7,3%, entre 2010 et 2014 ;
- La part de l'investissement en capital en progression :

Graphique 1.26 : Evolution des dépenses en capital et du taux d'investissement

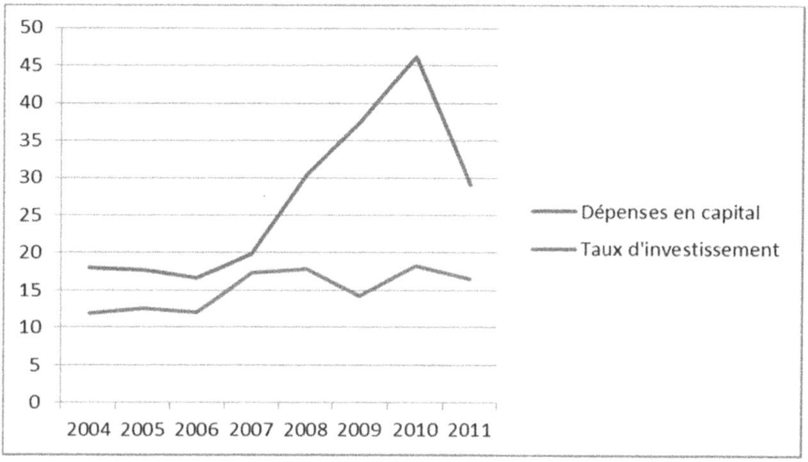

- La mortalité infanto-juvénile accuse une tendance en baisse, mais ne garantit pas une baisse de 2/3 en 2015.

Graphique 1.27 : Evolution de quelques indicateurs sociaux

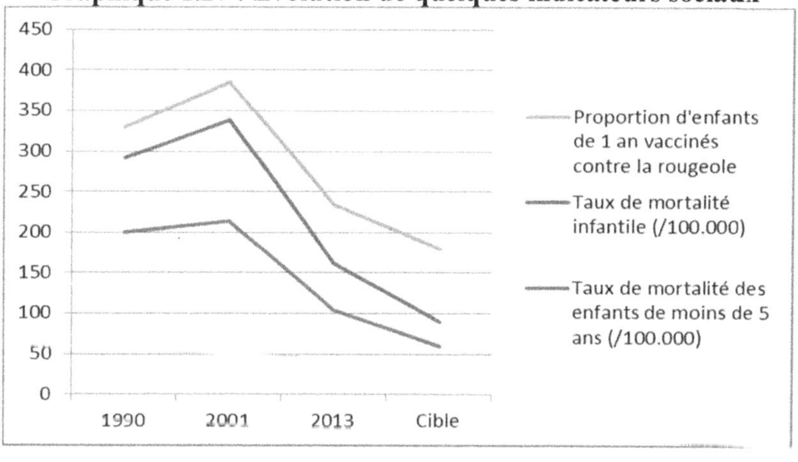

Cependant, ces performances n'ont pas pu se confirmer durablement, en témoignent les propos du Gouverneur de la Banque Centrale du Congo[16]concernant la situation économique du pays en 2016 :

- ***Baisse d'activité*** : le taux de croissance est estimé à 2,5% en fin septembre 2016 (prévu à 4,5% en fin Juin), venant de 9,5% et 6,9%, respectivement en 2014 et 2015 ;
- ***Détérioration de la situation financière de l'Etat*** : les recettes publiques restent en dessous de CDF 4.000 Milliards en 2016, contre CDF 4.622 en 2015 ; les dépenses publiques restent rigides, et le déficit cumulé est de CDF 520 Milliards environ ;
- ***Dépréciation du taux de change*** : sur douze mois (en 2016), le taux indicatif CDF/USD s'est déprécié de 25% (se situant à 1 usd = 1215 cdf au 28/12/2016), alors que cette dépréciation était seulement de 3% entre 2009 et 2015 ;
- ***Reprise de l'inflation*** : Prévu à 4,2% à fin décembre 2016, à mi-décembre le taux d'inflation dépasse 7% en glissement annuel, contre un accroissement de 0,8% en 2015 et 1% en 2014.

Dans un tel contexte, l'amélioration du social du congolais apparait une utopie pour les années qui pointent à l'horizon. Plus que jamais, c'est le moment, pour le gouvernement congolais, à œuvrer sans relâche pour la diversification de la base productive et l'accroissement de la production nationale, grâce aux politiques de nature à promouvoir la classe moyenne d'affaire congolaise (*ce qui va booster l'investissement national, gage d'une croissance qui dure*).

[16]MutomboDéogracias : son allocution à l'occasion de la cérémonie d'échange de vœux de nouvel an (2017).

1.4. Dynamique de la pauvreté en milieu rural congolais

La RD Congo est un pays pétri d'innombrables ressources naturelles dont la transformation efficace et respectueuse de l'environnement[17] devrait garantir un développement économique et des meilleures conditions de vie des populations dans l'esprit d'équité et d'égalité. En dépit de ces ressources, le pays est plongé, avec la crise qui talonne celui-ci depuis bon nombre d'années, dans une pauvreté indescriptible et sans précédent avec des disparités remarquables tant en milieu rural (3/4 de la population) qu'en milieu urbain (2/3 de la population), seul 1% des populations rurales ont accès à l'électricité, 17% à l'eau potable, 64% vivent dans des maisons en pisé.

D'aucuns le qualifient de paradoxe du milieu rural. Un milieu regorgeant des ressources insolentes dont la frange des populations rurales sont plongées cruellement à la pauvreté.

1.4.1. Le paradoxe du milieu rural congolais

La pauvreté a toujours été le lot commun des habitants du milieu rural congolais depuis la traite des noirs, jusqu'à nos jours, en passant par la colonisation. Le monde rural a été appauvri de la première force de production, qu'est la main d'œuvre, avec le commerce. La colonisation s'est érigée en colonies d'exploitation, elle va s'illustrer par des travaux forcés et le choix prioritaire des cultures de rente, créant ainsi frustration et pauvreté. La pauvreté, comme nous pouvons le comprendre, a suffisamment évolué avec des nouvelles dimensions après l'indépendance ; elle n'est plus celle des travaux forcés, mais bien celle de l'exode rural, de la malnutrition, de la famine et sous-alimentation, des conflits armés et donc de la paupérisation.

La vie en milieu rural est désormais caractérisée par le manque d'accès aux services sociaux de base. A titre

[17]Pour ne pas compromettre l'avenir des générations futures qui doivent aussi bénéficier et jouir de la Miséricorde de la nature.

d'illustrations, 26% seulement des populations congolaises ont accès à l'eau, parmi lesquelles 16 à 17% en milieu urbain, et 9 à 10% en milieu rural[(18)].

L'électricité est encore un luxe pour le milieu rural congolais[(19)], et même dans certaines zones urbaines.

De même les institutions bancaires sont très inégalement réparties et quasi inexistantes dans la plupart des zones rurales.

Aussi, les services connexes d'expansion de l'agriculture sont en perte de vitesse depuis des années, ce qui explique aussi la baisse de la production agricole, et donc la pérennisation de la situation de la pauvreté. Nous allons nous intéresser aux déterminants de cette situation de misère et pauvreté en milieu rural, afin d'entrevoir des solutions idoines.

1.4.2. Déterminants de la pauvreté en milieu rural congolais

Etudier les déterminants de la pauvreté en milieu rural suppose une énumération de ses causes.

Tout en ayant à l'esprit le fait que la pauvreté est un phénomène social, et en tant que tel sa causalité est multiple et complexe. Il est donc question ici de relever quelques causes jugées essentielles de par leurs actions sur la baisse et l'inefficacité de la production agricole, principale source de revenu pour les populations rurales.

- ***Les conflits armés et les conflits inter ethniques***

Ces conflits engendrent les déplacements des populations qui abandonnent champs, outils de productions, stocks pour vente, habitations, troupeaux, etc. Ces conflits détruisent les hôpitaux et centres des santés, ils amènent pourtant des maladies et

---

[18] Selon le DSCRP 2006, seulement 17% de la population rurale avait accès à l'eau potable.

[19] Seul 1% de cette population a accès à l'électricité, suivant les données du DSCRP 2006.

épidémies, des morts (diminutions des force de production) ; détruisent des écoles et des centres de recherche agronomique.

En outre, les conflits inter-ethniques amplifient la pauvreté en milieu rural, puisque résultant la plupart des cas de problèmes d'accaparement de terre. Ces conflits engendrent également la baisse de la production agricole étant donné que d'autres populations se retrouvent sans territoire foncier et donc impossibilité de pratiquer l'agriculture à bon escient. En somme, ils reculent la vie en milieu rural et installent la misère, la malnutrition et donc la pauvreté la plus indescriptible.

- ***Instabilité politique et institutionnelle***

Cette situation plonge ses racines historiques dans les changements qu'a connus notre pays en termes de gouvernance du milieu rural depuis l'indépendance et qui n'a pas été propice à son développement. Depuis l'indépendance jusqu'à ces jours, l'instabilité sociopolitique n'a pas facilité une mise en place efficace de programme de développement rural ainsi que leur suivi dans la durée.

- ***Manque d'infrastructures socio-économiques de base***

Il n'est pas sans saugrenu d'affirmer haut et fort sans moindre représailles que le milieu rural congolais soit le plus enclavé et reste par conséquent en marge de la mondialisation. La parfaite mobilité des facteurs de production ainsi que des biens et des services tant louée par la théorie classique reste encore sujet à caution en milieu rural congolais. L'insuffisance de routes de dessertes agricoles[(20)] rendant impossible la mobilité dans la commercialisation et l'évacuation des produits agricoles des centres de productions aux grands centres urbains de consommation[(21)], l'inexistence des marchés ruraux pour faciliter la rencontre de l'offre et de la demande rurales,

---

[20] Si elles existent, elles sont dans une situation de délabrement très avancées. Selon le DSCRP, 70% de voies de desserte agricole sont dans un état de détérioration avancée.

[21] Les produits ne cessent de périmer dans les centres de production.

l'absence des entrepôts de stockage des produits agricoles et tant d'autres, s'ajoute également la précarité des services sociaux de base (établissements éducatif et sanitaire, eau, électricité,...). L'homme rural congolais est presque démuni de tout.

➢ ***Le problème de financement en milieu rural***

Il est reconnu que le financement reste le moteur si pas la solution magique de toutes les économies du monde. Il est difficile d'imaginer la croissance de l'agriculture, et donc le développement du monde rural, sans financement des activités agricoles. Si d'autres économies du monde ont compris la quintessence de la question, par contre d'autres sont à la marge. En RD Congo, le faible niveau de financement (public et privé) demeure depuis des lustres un handicap au développement rural.

Au niveau des pouvoirs publics, les allocations budgétaires du secteur agricole restent toujours modiques[22], le budget réellement alloué au secteur agricole atteint difficilement 1%, et dont la part la plus importante concerne les dépenses des structures administratives, alors que les activités de recherches agronomiques, de vulgarisations et d'encadrements des paysans, etc., restent toujours parents pauvres. En outre, l'agriculture étant une activité à rentabilité différée et à haut risque, reçoit peu l'attention des privés, puisque l'enveloppe des crédits agricoles (la plupart des crédits de campagne) reste quasi nulle et cela se prouve par l'inexistence des banques rurales et voire des IMF sont trop concentrées en milieu urbain qu'en milieu rural chose qui contrarie leur mission première celle d'offrir des services financiers aux pauvres des pauvres que sont les agriculteurs ou les paysans qui sont exclus du système bancaire classique.

---

[22] Alors que dans le sommet de la FAO tenu à Maputo et relayé par le NEPAD, les chefs d'Etats africains ont exprimé cette volonté légendaire à accroitre leurs allocations budgétaires à due concurrence de 10%.

> ***Carence des innovations technologiques en milieu rural***

De nos jours, les études les plus pointues ont prouvé la limite de l'agriculture extensive et la nécessité de l'agriculture intensive pour de raison de rendement ou de productivité et surtout de compétitivité. L'intensification renvoie à la problématique des innovations technologiques en milieu rural qui reste méconnue et absente dans le chef des paysans qui jusqu'à la preuve du contraire continue avec l'usage des technologies surannées et archaïques (houe, machette, hache, agriculture sur brûlis et tant d'autres techniques culturales périmées). La productivité restant non significative et donc le revenu demeurant modique.

> ***Problématique de la dynamique des coopératives en milieu rural***

Pour contourner les difficultés d'accès aux financements publiques et privés, et aux conséquences de la régulation du marché par le pouvoir public, les habitants du milieu rural créent des coopératives pour constituer une force capable de défendre les intérêts socio-économiques de leur communauté.

Force est de constater que les coopératives sont non seulement en nombre très limité en milieu rural congolais, mais aussi elles sont en perte de vitesse face à l'évolution du monde. Les problèmes des nouvelles technologies, de l'économie verte, de la pollution et du réchauffement climatique, et tant d'autres restent loin des préoccupations des coopératives congolaises. Tous ces nouveaux problèmes sont venus rencontrer les traditionnelles difficultés encore insolubles dans le chef des coopératives, à l'occurrence les problèmes des terres, de financement, des routes, des marchés. Nous disons donc que les coopératives congolaises reste non seulement statiques, mais décroissent au lieu d'adopter une approche dynamique pour vaincre la pauvreté en milieu rural.

➢ ***Difficultés d'accès aux ressources naturelles***

L'humanité, depuis quelques beaux moments, vibre au rythme du développement durable dont l'un des piliers est le respect de l'environnement. La préservation de la nature contraint les populations rurales à prendre en compte l'existence des aires protégées, ce qui soulève parfois les questions de leur survie. Sans mesures d'accompagnement, cette politique de préservation de la nature peut générer des contraintes socio-économiques pour le monde rural.

➢ ***Une démographie galopante***

Le milieu rural affiche des taux de croissance démographique élevés alors que la production agricole demeure stagnante et en constante régression. D'où l'exode rural. Cette fuite incontrôlée des forces productives crée un cercle vicieux de la pauvreté du monde rural congolais, et doit donc être canalisée et, au mieux, maitrisée au regard des phénomènes de saturation auxquels sont confrontées les grandes villes du pays.

1.5. Les autres problèmes auxquels est confrontée l'économie congolaise et quelques avancées

La Banque Mondiale précise le rôle de la « dédollarisation », de la prospection artisanale et de la diversification économique dans le renforcement de la résilience de long terme de la RDC. Cette institution a identifié une série de maux qui fragilisent l'économie congolaise[(23)] :

- **La dynamique du secteur minier** (avec le coltan et l'or en tête) et **la reprise dans les autres secteurs** (agriculture et services) expliquent la dynamique de la croissance.
- **L'économie congolaise est fortement dollarisée** (86% des dépôts et 91% des crédits), ce qui entrave l'efficacité de la politique monétaire et rend le pays dépendant des

---

[23] Banque Mondiale : rapport de suivi de la situation économique et financière de la RDC (3è édition, 2015).

réserves de change (économie exposée aux chocs extérieurs). La dédollarisation de l'économie congolaise va stimuler le revenu de seigneuriage estimé à +/- 2% du PIB).

- **Les réserves de change ont baissé de 100 Millions de USD en 2014** pendant que les exportations de pétrole et de minéraux progressent.
- **Le ratio des recettes fiscales totales par rapport au PIB stagne et les dépenses publiques sont contenues** (*politique de consolidation budgétaire du gouvernement*) en recettes fiscales intérieures représentant 13,3% du PIB en 2014. Les recettes fiscales des activités minières ne suivent pas le rythme de développement dans ce secteur.
- **La RDC est fortement exposée à d'éventuels chocs des matières premières et fluctuations économiques** (***économie fragile, non résiliente***) : fort niveau des exportations (35%) concentrées sur un pays (chine : 41%) et sur quelques produits (pétrole et produits miniers : 95%). Si le taux de croissance chinois baise de 3 points de %, la RDC perdra 1 point de % de sa croissance et USD 320 Millions de réserves de change.
- **Le climat d'investissement en RDC n'est pas favorable à la diversification économique dans la chaine de valeur du secteur minier**. A cela s'ajoute le manque de compétences techniques au niveau domestique qui empêche d'augmenter la valeur ajoutée dans l'économie (exportations des MP au lieu des produits finis).
- **L'activité minière se substitue à l'agriculture dans plusieurs milieux ruraux en RDC**. Environ 4% des personnes âgées de 15-64 ans sont employées dans l'exploitation minière petite et artisanale (EMPA), une activité intensive en main d'œuvre (contrairement à l'activité minière industrielle qui exige un fort

investissement en capital physique). Malheureusement, l'EMPA n'est pas formalisée (*sauf pour le cuivre et le cobalt*), ce qui constitue un manque à gagner en termes d'emplois, de revenus des ménages et recettes fiscales au niveau local ou national. Dans ce contexte, des activités informelles, les recettes des EMPA ne peuvent que contribuer faiblement dans les budgets locaux et nationaux. La main-d'œuvre est jeune et elle est victime des discriminations salariales, etc. (les femmes). Comme solution, la RDC a élaboré sa première stratégie de formalisation de l'EMPA. Elle doit envisager aussi à instaurer le permis d'exploitation minière à petite échelle pour décourager les activités informelles dans ce secteur, assurer la sécurité d'occupation, mettre en place un régime d'imposition efficace, fournir une assistance technique aux mineurs (intrants technologiques, etc.) et une meilleure organisation sociale (coopératives, etc.).

***

CHAPITRE II

EFFICACITE DES POLITIQUES ECONOMIQUES APPLIQUES DEPUIS 1960

Avant d'aborder la question de la politique économique en RDC, il nous parait indispensable de se faire une idée sur la structure économique du pays. En fait, le squelette économique de la RDC tire son héritage de la période coloniale, qui a connu plusieurs fois l'alternance entre l'interventionnisme et le libéralisme pour enfin opter pour ce dernier. Pendant l'époque coloniale, l'on note aussi la mise en place des structures exclusivement orientées vers le secteur de subsistance (primaire).

Le rythme d'accroissement rapide et soutenu sur une période assez longue des indicateurs conjoncturels apparaît comme un élément de bon présage pour les économistes. Cependant, Il sied de noter que la croissance économique de l'époque (avant 1960) était étroitement liée à une impulsion endogène, qui en réalité était exogène, c'est-à-dire provenant des 3 E (Etat, Entreprise et Eglise). Ces derniers ont eu comme centre d'intérêt les ressources naturelles, minières et agricoles. L'on notera que la prospérité économique de l'époque visait les promoteurs étrangers. La RDC connait sa première période de vaches grasses entre 1924 et 1929, marquée par un taux de croissance à prix constant de 4,8% au total ; par de nombreux investissement directs étrangers s'élevant à 35 milliards de francs ; et aussi par une forte augmentation des exportations concernant essentiellement le diamant, le cuivre, l'ivoire, le copal et l'huile de palme[24]. Le pays connaitra par la suite une seconde vague de prospérité dans les années 1940, grâce au développement de l'industrie.

A l'aube de l'indépendance, les investissements publics ont atteint 64,6 milliards de francs en 1956. La colonisation a légué au nouvel Etat des équipements, des infrastructures et une économie active, mais qui souffrait des récessions conjoncturelles dues aux fluctuations du cours des matières premières ;à la baisse des investissements privés ; et à la fuite des capitaux. Ceci sera un prélude au ralentissement économique observé aux lendemains de l'indépendance. Il faut attendre l'unification du pays en 1965, après la situation de chaos général dans le pays entre 1960 et 1965, pour voir l'amorce du processus de redémarrage économique. Le nouveau gouvernement ainsi aux commandes disposa des atouts certains pour assurer la relance de l'économie, à l'occurrence des structures productives et prospères, notamment avec l'hégémonie de l'industrie minière, sans compter la conjoncture économique positive telle que la stabilité monétaire avec un franc fort (1 franc congolais s'échangeait contre 2 dollars américains). Après une période de sept glorieuses (1967-1973), marquées par des indicateurs de développement humain en progrès (une inflation faible, un taux de change faible, des comptes extérieurs excédentaires, une maitrise des dépenses budgétaires et une situation d'équilibre budgétaire)[25]. Malheureusement, le manque d'orthodoxie dans la gestion de la chose publique, des orientations de politique économique inappropriées telles que la zaïrianisation, ensuite la radicalisation, puis la rétrocession, l'apologie de l'interventionnisme étatique, ont plongé le pays dans un nouveau marasme social et économique dont il gardera longtemps le

[24] Voir *sur www.wikipédia.org* l'article intitulé « l'Economie de la République Démocratique du Congo ».
[25]Ngoy E. (1999).

stigmate, avec le poids de la dette qui fera de la RDC un pays pauvre et très endetté.

Sur le plan théorique, les orientations de la politique économique sont d'ordre macroéconomique dont les objectifs tels que, par le carré magique de KALDOR, consistent notamment : la stabilité des prix (*indice des prix*), la croissance économique (*PIB réel*), la réduction du chômage (*taux de chômage*) et l'équilibre extérieur (*taux de change*). A côté de ces objectifs, qualifiés de conjoncturels ou de court terme, s'ajoutent des objectifs dits structurels : *la politique agricole, politique industrielle, politique de l'emploi, politique fiscale, politique commerciale, politique territoriale, etc*. La politique macroéconomique de court terme recourt à des instruments pour atteindre ces objectifs : assurer l'équilibre interne (politique monétaire et budgétaire) et l'équilibre externe (politique de change). *La politique monétaire vise la stabilité des prix (maitrise de l'inflation), et la politique budgétaire vise le plein emploi et la croissance économique entre autres.*

La politique économique conduite en RDC est apparue essentiellement conjoncturelle, *caractéristique des économies en développement*[(26)] *et héritée de la structure économique coloniale*, tournée exclusivement vers le secteur d'exportation des produits primaires sans une valeur ajoutée significative, qu'elle entretient soigneusement. C'est de ce secteur que le pays tire en gros sa croissance économique depuis des années. Si le secteur tertiaire a connu un bond depuis quelques années grâce aux sociétés liées aux NTIC (Nouvelles Technologies de l'Informations et de la Communication), le secteur secondaire a du mal à renaitre d'un passé industriel éloquent.

Par conséquent, nous essayerons dans la suite de nos développements d'analyser l'efficacité des politiques économiques implantés depuis 1960, selon leur ampleur et impact dans la vie socio-économique du pays.

Il s'agit notamment des programmes ou politiques suivantes :

---

[26]Pays en développement en langage quelque peu hypocrite (on parlerait mieux de pays sous-développé).

- La zaïrianisation ;
- La politique des grands travaux ;
- Les Programmes de stabilisation de 1976 et 1977 ;
- Le Plan de Stabilisation (du 1er juillet 1979 au 31 Décembre 1980) ;
- Le Programme d'investissement public ou « Plan Mobutu » (1981-1983) ;
- Le Programme d'Ajustement Structurel/PAS et les politiques de « stop and go » (1983-1989) ;
- Le Programme Intérimaire Renforcé (PIR) ;
- Le Programme Economique du Gouvernement ;
- Le Programme Multisectoriel d'Urgence de Reconstruction et de Réhabilitation (PMURR) ;
- Le Programme Relais de Consolidation (PRC) ;
- La réforme du 7 Juillet 2008 relative à la transformation des entreprises publiques en sociétés commerciales ;
- Les politiques agricoles mises en place en RDC

Ce chapitre comprend trois sections. Dans la première section, nous nous limitons à présenter (objectifs, moyens, etc.) les différents programmes (politiques) listés ci-haut ; la deuxième section sera consacrée à l'analyse critique de ces programmes ; et à la troisième section, nous discutons des perspectives d'amélioration pour la réussite des politiques économiques en RDC.

2.1. Les programmes économiques adoptés en RDC depuis 1960 : Objectifs et stratégies mises en place

2.1.1. La Zaïrianisation

Il s'agit d'une mesure de nationalisation progressive et sans contrepartie des propriétés foncières et biens commerciaux appartenant aux ressortissants étrangers.

Elle s'inscrivait officiellement dans le cadre de la réappropriation nationale de l'économie et la redistribution des richesses nationales.

Le nombre d'unités « zarianisées » a été estimé à 4.000 selon la Direction Générale de la Dette Publique (DGDP)[27].

La mesure a été un échec, notamment :

- *Le recouvrement des créances, selon la Loi de 1978, accordait 10 ans à tous les acquéreurs pour payer la totalité de leurs dettes. De 1978 à 2005, l'Etat congolais est parvenu à recouvrer seulement 8 436 152,09 DTS contre des arriérés de l'ordre de 274 923 968 DTS. Sur les années suivantes, le recouvrement a été de 56 039 716,76 CDF en 2006, ensuite de 88 500,34 CDF en 2007, puis de 520 041 360, 40 CDF en 2008.*
- *L'impact économique s'est révélé négatif, car les nationaux ayant généreusement bénéficié de cet héritage, n'avaient pas de vision économique, ni d'expériences managériales requises.*

2.1.2. La politique des grands travaux

Dans le cadre de la « zaïrianisation », le gouvernement avait lancé un programme ambitieux des grands travaux, dont on peut citer :

- Le barrage hydroélectrique d'INGA (13% du potentiel mondial estimé) ;
- La Sidérurgie de MALUKU ;
- Le pont maréchal ;
- La construction du Centre de Commerce International du Zaire (CCIZ) ;
- La tour de l'échangeur de Limete ;
- Le projet d'un programme spatial.

2.1.3. Les Programmes de stabilisation de 1976 et 1977

Après une période de croissance économique ininterrompue, « les sept glorieuses » (Ngoy K., 1999) où tous les indicateurs sociaux de base étaient au vert entre 1967 et 1973, le pays

---

[27] DGDP, rapport annuel 2006-2008, p.7

connait un retournement de tendance (récession) déjà en 1974 (choc pétrolier, baisse des cours mondiaux des métaux, etc.) : c'est la crise. Pour affronter cette crise (récession), deux programmes de stabilisation ont été mis en œuvre en 1976 et 1977.

Les objectifs de ces programmes consistaient à :

- Arrêter le processus de détérioration économique du pays ;
- Baisser le taux l'inflation ;
- Majorer les salaires nominaux de 20% ;
- Stimuler la production agricole vivrière et l'importation des biens de première nécessité.

Les stratégies adoptées ont porté sur les instruments de politiques économiques suivantes :

- Politique budgétaire : limiter les dépenses, accroitre les recettes ;
- Politique monétaire : plafonner le crédit à l'Etat et promouvoir le crédit à l'économie, lutter contre la répression financière notamment par la libéralisation des taux d'intérêt ;
- Politique de change : définir le Zaïre-monnaie par rapport au DTS (1Z = 1DTS).

2.1.4. Le Plan de Stabilisation (du 1er juillet 1979 au 31 Décembre 1980)

L'échec du premier plan de stabilisation de 1976-1977 a conduit à la mise en place, avec le concours du Fonds Monétaire International, d'un nouveau plan de stabilisation sur la période allant du 1er juillet 1979 au 31 Décembre 1980. L'objectif principal de ce nouveau programme était d'équilibrer la balance des paiements et les finances publiques. Pour cela, deux mesures essentiellement ont été au centre de ce plan :

- Au plan de la politique monétaire, l'accroissement de la monnaie essentiellement en contrepartie du crédit à l'économie ;

- Au plan de la politique de change, l'adoption de plusieurs mesures de dévaluation en cascade.

2.1.5. Le Programme d'investissement public (PIP), dénommé « Plan Mobutu » (1981-1983)

Le début des années 80 sont marquées par la mise en place d'un programme d'investissement public dénommé plan Mobutu avec le soutien de bailleurs de fonds bilatéraux et multilatéraux. Il avait pour vocation de mobiliser des investissements directs étrangers et de relancer les entreprises publiques.

2.1.6. Le Programme d'Ajustement Structurel/PAS et les politiques de « stop and go » (1983-1989)

Comme pour la plupart des économies africaines, la décennie 1980 se confond au plan économique avec l'avènement d'un nouveau modèle de développement traduit par le programme d'ajustement structurel sous la houlette du jumeau de Bretton-Woods. La République Démocratique du Congo connaitra de 1983 jusqu'à la rupture de la coopération bilatérale et multilatérale avec ses principaux partenaires, à la suite des évènements de Lubumbashi en 1990, une série de programmes d'ajustement structurel/PAS discontinue dite politique de « stop and go ». Ce vaste programme de restructuration et de libéralisation économique, basé sur des mesures d'austérité, était censé relancer la machine économique. En fait, le PAS est un ensemble de mesures contraignantes convenues entre le FMI, la Banque Mondiale et les pays concernés avec deux volets, la stabilisation et la restructuration.

Pour ce faire, les mesures préconisées consistaient à :

- Réduire le rôle de l'Etat dans les entreprises industrielles ou économiques qu'il contrôlait ;
- Supprimer les subventions publiques pour certains produits de consommation ;

- Rééchelonner les remboursements de la dette publique ;
- Réduire le déficit budgétaire pour éviter l'accroissement de la dette publique ;
- Licencier certains agents payés par l'Etat ;
- autant que possible, éliminer les mesures protectionnistes pour libéraliser le commerce, tout en réduisant certaines importations et en augmentant les exportations ;
- Supprimer diverses restrictions aux investissements étrangers pour ouvrir le pays aux finances et aux entreprises internationales.

2.1.7. Le Programme Intérimaire Renforcé (PIR)

La situation économique du pays se dégrade davantage dans les années 1990jusqu'au début de l'an 2000 :déficit de finances publiques (de 0,3 milliards de CDF en 1998 à 10,5 milliards en 2000), décroissance du PIB (de -1,7% en 1998 à -6,9% en 2000), forte expansion des liquidités dans l'économie (variation de la masse monétaire : de 157,8% en 1998 à 505,1% en 2000), dépréciation de la monnaie nationale, déficit de la balance des paiements, etc. Pour arrêter l'hémorragie, le gouvernement congolais lance le Programme Intérimaire Renforcé/PIR, qui est un programme test dont le résultat satisfaisant devrait aider le pays à bénéficier d'un appui financier des institutions financières internationales (le FMI). Le PIR bénéficie ainsi, simplement, d'un appui technique du FMI et une assistance de la Banque Mondiale qui reste technique. Les objectifs du PIR furent :

- Casser l'hyperinflation ;
- Libéraliser l'économie ;
- Créer un environnement plus favorable à l'initiative privée ; et,
- Jeter les bases de la reconstruction économique du pays (croissance forte et durable).

Pour ce qui est des mesures ou stratégies adoptées, elles furent monétaires et budgétaires, complétées par des réformes structurelles et sectorielles : politique fiscale stricte (*gestion de trésorerie de l'Etat sur base caisse, centralisation des recettes à la BCC, fixation des objectifs mensuels de performance des recettes aux régies, etc.*), politique monétaire prudente (limiter l'expansion monétaire, dévaluation de 84,1% de CDF par rapport au USD), politique de change (*régime de change flottant qui libéralise le marché des changes, nouvelle réglementation de change qui autorise la circulation des devises étrangères*), mesures structurelles (*créations : code minier, code des investissements, tribunaux de commerce, loi sur la libéralisation des prix, suppression monopole sur l'exploitation du diamant*).

2.1.8. Le Programme Economique du Gouvernement (PEG)

Le PIR n'ayant pas bénéficié d'un soutien financier des partenaires, étant une simple condition d'assainissement préalable à une quelconque assistance financière, il fallait un programme éligible au financement qui devrait poursuivre avec les objectifs du PIR, d'où le PEG, un programme triennal (Avril 2002 – Juillet 2005). L'exécution du PEG a coïncidé avec celle du Programme Multisectoriel d'Urgence, de Réhabilitation et Reconstruction (PMURR), grâce à l'appui financier des partenaires extérieurs, notamment la Banque Mondiale. Contrairement au PIR, qui n'avait pas bénéficié d'un concours financier extérieur, le PEG était appuyé par la Facilité pour la Réduction de la Pauvreté et pour la Croissance (FRPC) du FMI.

Le PEG, dans la même logique que le PIR, a eu 3 grands objectifs :
2001-2002 : Stabilisation
2002-2004 : Reconstruction
2005 - : Développement

De façon précise, les objectifs majeurs assignés au PEG étaient :

- Améliorer la gestion des finances publiques ;
- Poursuivre avec une politique monétaire prudente qui consolide la stabilité des prix et du taux des changes ;

- Instaurer un climat propice au développement du secteur privé.

La réalisation des objectifs ci-haut était conditionnée par une série des réformes visant la réduction de la pauvreté, à travers la restructuration de l'économie et l'adaptation des stratégies. Ainsi, les mesures adoptées consistaient à :

- Dégager un surplus de l'épargne extérieure pour impulser la croissance ;
- Améliorer la qualité des politiques monétaires et budgétaires ;
- Politique budgétaire : élargir l'assiette fiscale, simplifier les procédures fiscales et douanières, moderniser les instruments fiscaux, restructurer les entreprises publiques, veiller à l'adéquation recettes-dépenses et à leur viabilité ; assurer une allocation efficace des recettes aux secteurs clés (tels l'éducation, la santé, les infrastructures de base), et veiller à la réhabilitation et à l'application stricte de la chaîne de dépense.
- Politique monétaire : poursuivre la restructuration des banques. Un système bancaire viable, avec des banques liquides et solvables pour la plupart, est une garantie pour une stabilité macro-économique durable.

2.1.9. Le Programme Multisectoriel d'Urgence de Reconstruction et de Réhabilitation (PMURR)

Par son envergure, le Programme Multisectoriel d'Urgence de Réhabilitation et de Reconstruction (PMURR), a été financé à hauteur de 1,741 milliards USD, et il est le premier programme post-conflit et le plus important projet socio-économique des dernières années.

Ce programme a été financé par :

- L'Association Internationale de Développement (AID) : pour 455 millions des USD ;
- Le Gouvernement congolais : pour 221 millions des USD

- La Banque Africaine de Développement (BAD) : pour 44 millions des USD ;
- Les donateurs identifiés : pour 485 millions des USD ;
- D'autres bailleurs de fonds, à hauteur de 536 millions des USD.

Les objectifs globaux du programme ont été définis autour des axes importants et avec une préoccupation de conformer toutes les actions du programme aux aspirations du Nouveau Partenariat du Développement pour l'Afrique, le NEPAD en sigle. Le PMURR avait la mission d'amorcer le démarrage du processus de reconstruction et de réhabilitation économique par :

- La mise en place des grands travaux de reconstruction et de réhabilitation des infrastructures clés (transport, eau et d'électricité), des services sociaux de base et de l'assurance de la sécurité alimentaire à Kinshasa et dans les grands centres urbains ;
- La reconstruction des capacités humaines et institutionnelles, la redéfinition des méthodes de travail et le développement des grands axes des politiques sectorielles ;
- La mise en place d'un système de financement pour des initiatives communautaires en milieux ruraux et urbains ;
- La garantie de la sécurité alimentaire par une production agricole suffisante et accessible à tous.

Les retombées de ces mesures sont multiples :

- l'inflation endiguée,
- stabilité du taux de change,
- taux de croissance positifs,
- et enfin, atteinte d'une façon satisfaisante du point de décision de l'initiative PPTE.

2.1.10. Le Programme Relais de Consolidation (PRC)

Le Gouvernement [28] de transition devrait sauvegarder Les acquis du PMURR pour que les décideurs issus des élections bénéficient d'un environnement assaini pour entreprendre leurs actions. C'est le sens du Programme Relais de Consolidation/PRC, couvrant la période allant d'avril à décembre 2006, qui a consisté à définir des mesures d'application des politiques devant maintenir la stabilité du cadre macroéconomique et la poursuite de la réalisation des réformes structurelles résiduelles du PEG.

Le Programme Relais de Consolidation (PRC) fut un programme test dont le terme était fixé au 31 Décembre 2006, et dont l'exécution devait être assurée par le financement du gouvernement congolais seul. Pour le succès du programme, des critères ont été fixés, entre autres : le taux d'inflation fin période ne devait pas dépasser 15 % et le taux de change devait se situer autour de 526 Francs congolais pour 1 dollar US.

La bonne exécution du PRC devait conduire à des discussions portant sur un programme à moyen terme pouvant recevoir l'appui d'un nouvel accord de Facilité pour la Réduction de la Pauvreté et Croissance(FRPC). Elle devait également permettre à la RDC de bénéficier des allègements de la dette dans le cadre de l'Initiative PPTE renforcée et de l'initiative de l'allègement de la dette multilatérale (FMI, Banque Mondiale et BAD) durant le deuxième semestre de l'an 2007.

2.1.11. La réforme du 7 Juillet 2008 relative à la transformation des entreprises publiques en sociétés commerciales

Les problèmes d'organisation, de fonctionnement, de contrôle de coût et de financement des systèmes administratifs constituent des enjeux collectifs majeurs. Ils se traduisent souvent en déficits publics, dysfonctionnements internes liés à la

[28] En 2006, s'organisaient déjà les élections présidentielles et législatives.

croissance de l'Etat, des problèmes d'effectivité, d'efficacité ou d'efficience des politiques publiques attribuées aux administrations, et des disparités salariales vis-à-vis du secteur privé [Bezes, *(2008)*]. C'est pour éviter le pire en RDC que le gouvernement congolais s'est engagé à redynamiser les entreprises appartenant à l'Etat depuis son accession à l'indépendance.

En fait, les entreprises publiques organisées par la loi-cadre n°78-002 du 06 Janvier 1978 n'ont pas atteint les objectifs économiques et sociaux leur assignés. C'est ainsi que les lois 08/007, 08/008, 08/009 et 08/010, portant respectivement dispositions générales applicables à la transformation des entreprises du portefeuille de l'Etat, et les dispositions générales applicables aux établissements publics et fixant les règles relatives à l'organisation et à la gestion du portefeuille de l'Etat, ont été promulguées. Dans la même lignée, les décrets 09/11, 09/12, 09/13, 09/14 et 09/15, portant mesures d'exécution des lois sus évoquées, étaient signés par le Premier Ministre. Tout cet arsenal de textes vise essentiellement des mesures transitoires applicables dans les entreprises transformées ; la création du Fonds Spécial du Portefeuille (FSP) ; la liquidation de certaines entreprises et la création du Comité de Pilotage de Réforme des entreprises publiques (COPIREP).

De façon générale, disons que le portefeuille congolais a été revisité depuis l'indépendance par plusieurs mesures dont les plus importantes sont :

- la convention « TSHOMBE-SPAAK »(1965) qui a souhaité voir la propriété des titres constituant le portefeuille du Congo-Belge revenir au Congo,
- le transfert du siège social au Congo des sociétés qui y avait le principal siège d'exploitation ;
- la loi Bakajika (1966) rendant la République Démocratique du Congo maitre de ses terres ;
- le code des investissements libéral (1969-72) ;

- la Zaïrianisation(1973), puis la Radicalisation(1974), et ensuite la Rétrocession (1975) ;
- la loi du 06 Janvier 1978 portant dispositions générales applicables aux entreprises publiques ;
- et enfin, les réformes du 7 Juillet 2008.

2.2. Analyses critiques des programmes économiques adoptés en RDC depuis 1960 : Forces et faiblesses

Nous nous efforçons ici d'évaluer l'efficacité des programmes ou politiques présentés précédemment, en mettant en avant-plan les facteurs à la base de leurs échecs ou réussites.

2.2.1. La Zaïrianisation

Cette mesure consistait à l'expropriation du patrimoine étranger ainsi que son attribution aux nationaux. La compensation financière de cette expropriation, qui a constitué une part importante de la dette publique vis-à-vis des propriétaires étrangers, et la gestion calamiteuse de ce patrimoine ont consacré l'échec de cette politique. Il y a eu rupture dans l'activité économique qui fut prospère, la corruption et le clientélisme se sont installés. Il s'est révélé que la classe dirigeante n'avait pas la qualification nécessaire pour assurer une bonne gestion de ce patrimoine.

2.2.2. La politique des grands travaux

La politique des grands travaux n'a consisté essentiellement qu'à l'érection des éléphants blancs, c'est-à-dire des projets gigantesques, exorbitants et à efficacité douteuse, si pas nulle.

Pire, ces projets financés par des fonds empruntés par l'Etat ont donné lieu à un système de corruption. Le ralentissement de la production, l'anarchie et l'endettement excessif ont inévitablement plongé le pays dans une crise économique et financière extrême. Une intervention du FMI avec ses multiples programmes d'assainissement financiers était la seule solution envisageable.

2.2.3. Les Programmes de stabilisation de 1976 et 1977

Ces programmes, celui de 1976 et 1977, n'ont pas, selon Tshiunza M. et Kabuya K. (1978), donné les résultats attendus tant au niveau des finances publiques et de l'expansion des liquidités que des paiements extérieurs. Pour sa part, Mukoko S. (2003, p. 30) note que « *à la fin de 1977, tout le monde est convaincu de l'impuissance de ces programmes, et ce, malgré les accords de consolidation qui permirent au Zaïre de bénéficier d'un rééchelonnement des crédits gouvernementaux* ». Il faut souligner que ces programmes n'ont pas bénéficié d'une conjoncture et un environnement politique favorables.

L'augmentation régulière du stock de la dette publique extérieure, les effets rétroactifs du quadruplement du prix de pétrole en 1973 et la guerre du Shaba en (1977-1978) sont autant des facteurs d'échecs.

2.2.4. Le Plan de Stabilisation (du 1er juillet 1979 au 31 Décembre 1980)

Ce programme s'est également soldé par un échec. C'est au cours de cette période qu'est intervenue la quatrième réforme monétaire (celle de décembre 1979). Alors qu'il fallait contrôler l'accroissement de la masse monétaire en contrepartie du crédit à l'Etat, force était de constater une reprise intense des émissions fiduciaires dès Janvier 1980, avec pour conséquence une dévaluation de 30% de la monnaie nationale en février 1980. D'autres facteurs expliquent cet échec retentissant, notamment le premier choc pétrolier et l'accroissement de la dette publique.

2.2.5. Le Programme d'investissement public dénommé « Plan Mobutu » (1981-1983)

En raison d'un faible niveau de mobilisation des ressources financières, entre autres l'incapacité à attirer un volume significatif d'investissements directs étrangers, qui du reste avait plombé le démarrage du dit programme, et au regard de la situation désastreuse des entreprises publiques, ce fameux plan ne restera que de nom. Il faut noter que d'autres facteurs, comme la crise d'endettement et le contrôle de change avait sonné le glas de ce programme.

2.2.6. Le Programme d'Ajustement Structurel/PAS et les politiques de « stop and go » (1983-1989)

On parle souvent des PAS de la première génération pour distinguer les PAS comme tels des PIR et PEG qui sont considérés comme les PAS de la deuxième génération de par les objectifs qui leur ont été assignés. Les PAS ont produit des effets positifs non durables pour ce qui est de la balance des paiements et du budget de l'Etat, mais des résultats négatifs sur le plan de la croissance économique (Smith, S. (1991)).

Le contexte politique de l'époque a rendu la réalisation de ce programme assez précaire, avec la montée des revendications de démocratie, de droit et de liberté qui s'est accompagnée des actes de pillage qui ont profondément détruit le tissu économique et relégué le pays à son niveau de sous-développement le plus bas. Quant aux résultats du PAS, ils se sont révélés mitigés tant sur le volet stabilisation monétaire et financière que structurelle. Ce qui a donné lieu à un processus calamiteux de « stop and go ». Au total, le bilan du PAS, sur le plan économique et social, a été pauvre. Il faut dire par ailleurs qu'il s'est accompagné d'une cure d'amaigrissement pour les secteurs clés comme la santé et l'éducation, ce qui a fait dire à juste titre à des nombreux détracteurs qu'il s'agissait d'une politique de « l'austérité pour l'austérité ». D'autres critiques se sont fondés sur ses incompatibilités conceptuelles en ce sens que le PAS était loin d'intégrer les spécificités socio-culturelles de l'environnement africain. Ce qui expliquerait par ailleurs son caractère inadapté au contexte, et donc son échec. Le PAS a occasionné au finish un accroissement de la dette du pays, ce qui a alourdi son héritage.

2.2.7. Le Programme Intérimaire Renforcé (PIR)

Quant au PIR, ses résultats se sont révélés plutôt satisfaisant, notamment avec l'arrêt de l'hyperinflation. Globalement, les retombées du PIR pour la RDC ont été le retour de la confiance avec ses principaux bailleurs de fonds. On note notamment :

- Apurement des arriérés vis à vis du FMI, ce qui a entrainé la levée des sanctions contre le pays ;
- Financement de 350 millions de dollars par la Banque Mondiale en faveur de la relance économique (appui structurel), suivi d'un appui budgétaire de 42 millions de dollars (volet stabilisation) ;
- Aide financière de 5 millions de dollars octroyée par l'Union Européenne à la RDC ;
- Signature avec le club de Paris d'un accord de restructuration de la dette extérieure.

Ce programme a bénéficié de la volonté politique des décideurs à sortir le pays du marasme économique de la décennie 90. Cette volonté politique s'est traduite dans les efforts à assainir l'environnement politique de l'après-guerre. Entre 2001 et 2002, au nombre de facteurs ayant influé sur l'exécution du PIR, l'on note : le dialogue inter-congolais à Addis-Abeba, la libéralisation de l'économie, le changement de gouvernement, la signature de l'accord de Luanda, la signature de l'accord de Gbadolite, la signature de l'accord de Sun City, l'adoption de la constitution de transition, la reprise de programme avec les institutions de Brettons-Wood, l'adoption du régime de change flottant.

Comme quoi la fin d'une guerre est un moment propice pour un nouvel élan.

Néanmoins, on peut relever que le PIR s'est accompagné d'une compression des dépenses en capital, de même que d'une crise de liquidité traduite par la décote de la monnaie scripturale par rapport au fiduciaire. Sur ce dernier point, on note par exemple une progression de 193,3% de dépôts à vue, alors que les espèces qui devraient couvrir ces dépôts ne se sont accru que 44,7%.

2.2.8. Le Programme Economique du Gouvernement

Le PIR et le PEG ont réussi à stabiliser le cadre macroéconomique sans que les indicateurs sociaux ne connaissent une amélioration significative. Cette inadéquation persiste et même en voie d'aggravation encore de nos jours. Quelques éléments expliquent cette situation :

- Les dépenses en capital n'ont pas bénéficié d'une allocation budgétaire conséquente, et les recettes ont reculé suite aussi bien d'un effort fiscal réduit que d'un taux d'assignations surestimé.
- Durant le PIR/PEG, les résidents étrangers ont contribué à 60% au PIB congolais, mais aucun signe probant d'un réinvestissement des bénéfices générés pour ainsi créer des emplois et améliorer le bien-être.
- La croissance démographique n'a pas permis d'améliorer le revenu moyen.

Ce résultat est corroboré par l'étude de Kalonji N. (2003) qui montre que les mesures de stabilisation et de réformes structurelles mises en place en RDC (couvrant la période 2001-2005 (PIR et PEG)), frappant par leur nombre et leur profondeur, ont manqué quelque peu de réalisme et n'ont pas tellement tenu compte de la capacité institutionnelle et technique du pays à les exécuter. Les résultats sont globalement positifs quant à l'ordre retrouvé, à l'époque, dans la gestion des finances publiques (rétablissement du budget comme cadre formel de gestion), de la monnaie (*arrêt de l'expansion des liquidités grâce à la gestion des finances publiques sur base caisse*) et du taux de change (*unification des taux de change grâce au régime de change flottant instauré*). Il ajoute par ailleurs que la croissance de 2002 souffrait d'une fragilité structurelle (interne) : il y a prédominance des activités du secteur primaire contre une faiblesse des secteurs porteurs d'une amélioration durable de la productivité et du progrès technique.

D'ailleurs, en 2002, concernant particulièrement les finances publiques, le gouvernement a recouru au gel de certaines dépenses indispensables au renforcement de la capacité interne de l'économie pour obtenir un équilibre budgétaire virtuel face aux déficits publiques structurels de notre économie.

Cette étude montre également que :

- La croissance économique réelle (3,5%) de 2002 s'est accompagnée d'une baisse de la consommation des ménages (-4.2%), une baisse de l'emploi (-7.5%), une détérioration de la gouvernance administrative (-3%), et un accroissement de l'inégalité distributive (+18.9%) ;
- La croissance de 2002 n'était pas pro-pauvre ;
- En 2002, la BCC aurait sous-estimé le taux de croissance démographique, passant ainsi de 3.4% à 2.7% pour justifier un « pseudo effet de la guerre », dans le calcul du revenu réel, ce qui sans doute aurait gonflé le taux de ce dernier cette année ;
- Cette année est marquée également par un accroissement de taux de mortalité, signe d'une baisse de l'espérance de vie.

En définitive, malgré un taux de croissance très largement supérieur à la moyenne de la décennie 90, le programme n'a pas contribué significativement à réduire la pauvreté, ni corriger les inégalités dans le partage des fruits de la croissance. Il s'agit bien d'un cas d'école de « *croissance appauvrissante* ».

2.2.9. Le Programme Multisectoriel d'Urgence de Reconstruction et de Réhabilitation (PMURR)

Quant au PMURR, il a bénéficié d'un financement de plusieurs partenaires au développement (BAD, AID, donateurs identifiés et autres bailleurs de fonds). Les mesures prises dans le cadre de ce programme ont permis de maitriser l'inflation, de stabiliser le taux de change, de renouer avec des taux de croissance positifs et d'atteindre d'une façon satisfaisante le point de décision de l'initiative PPTE. Ce programme a été jugé globalement satisfaisant.

2.2.10. Le Programme Relais de Consolidation (PRC)

La mise en œuvre du PRC s'est révélée fastidieux face à l'exécution budgétaire, car malgré l'atteinte du point de décision de l'initiative PPTE, le service de la dette est resté assez élevé, représentant 32-40% de revenu du gouvernement, entre 2003 et 2007, soit une cagnotte mensuelle à payer d'environ 50 Millions de dollars. Ceci représente une gageure dans un contexte d'absence d'un appui financier extérieur. D'où, les difficultés rencontrées dans l'aboutissement de ce programme qui était destiné à baliser le terrain pour l'avènement d'un deuxième programme économique du gouvernement (PEG 2), qui lui devrait bénéficier de l'appui du Fonds monétaire international.

2.2.11. La réforme du 7 Juillet 2008 relative à la transformation des entreprises publiques en sociétés commerciales.

La transformation des entreprises publiques en sociétés commerciales est une réforme qui visait la rentabilité du secteur du portefeuille. En se désengageant de ses entreprises, dans un contexte économique de crise, l'Etat s'attendait à trouver des actionnaires avec des capitaux frais pour redynamiser ce secteur. A l'heure qu'il est, la réforme bat de l'aile et la transformation est en panne.

2.2.12. Les réformes monétaires en RDC depuis 1960

Depuis 1963, l'histoire monétaire du pays est jalonnée des réformes monétaires audacieuses, avec des résultats inégales. L'objectif commun à toutes ces réformes est la stabilisation monétaire, dans le contexte généralement de crise économique et financière. Parmi ces réformes monétaires en cascade, l'une d'entre elles est restée emblématique. Il s'agit de la réforme de 1967 qui a défini le taux de 1Z = 2 USD. Cette réforme a bénéficié d'un contexte économique et financier favorable en raison des cours haussiers des principaux produits miniers à l'exportation, ainsi que des apports financiers d'un bon nombre de partenaires bilatéraux et multilatéraux. Mais, à la suite du retournement de la conjoncture à partir de 1973, avec le quadruplement du prix du pétrole, cette parité finira par s'effondrer.

Nous proposons, dans le tableau suivant, une revue du contenu de ces réformes monétaires.

Tableau 2.1 : Contenu des réformes monétaires en RDC depuis 1960

Réformes	Politiques
La réforme monétaire de Novembre 1963	- Dévaluation du franc congolais hérité de la colonisation ; - Autorisation d'un double taux de change (officiel et parallèle) ; - Transfert des devises vers l'Etat et secteurs productifs par le mécanisme des prix relatifs.
La réforme de Juin 1967	- Lancement d'une nouvelle unité monétaire (avec la parité de 1 zaïre = 2 usd) ; - Suppression du double taux de change instauré en 1963.
La réforme du 12 mars 1976	- Rattachement du Zaïre au Droit de tirages spéciaux (1Z = 1 DTS) et 1 Z = 1,17 USD.
La réforme de décembre 1979	- Démonétisation des billets de 5 et 10 zaïre, et leur remplacement par d'autres billets de mêmes valeurs faciales.
La réforme monétaire de Septembre 1983	- Libéralisation du taux de change : adoption d'un régime de change flottant.
La réforme monétaire d'Octobre 1993	- Lancement d'une nouvelle unité monétaire (1 nouveau zaïre = 3 000 000 zaïre).
La réforme monétaire de mai 1997	- Retour au franc congolais.

Source : tableau établi par nos soins.

2.2.13. Les politiques agricoles mises en place depuis 1960

La politique agricole représente l'aspect originel de la politique économique d'un gouvernement. Elle désigne *l'ensemble de décisions ou mesures cohérentes et systématiques prises par un gouvernement dans le but de promouvoir le développement de l'agriculture*, de manière à lui faire jouer un rôle central dans la diversification de l'économie et assurer l'autosuffisance alimentaire.

Toute politique agricole comporte généralement quelques objectifs :

- *l'autosuffisance alimentaire ;*
- *le relèvement du niveau de revenu des ménages agricoles ou l'amélioration des conditions de vie des producteurs ruraux ;*
- *le soutien à la croissance économique inclusive.*

Quant aux stratégies utilisées, elles consistent à une politique de soutien des prix, soit à celle destinée à la réduction des coûts de production.

Avec une superficie de 2.345.000 km^2 et plusieurs millions d'hectares de terres arables, sans compter une population estimée à environ 80 millions d'habitants, dont près de 70% vivent en campagnes, la RD Congo possède un potentiel agropastoral immense capable de constituer un grenier agricole à l'échelle de la planète. Cependant, ce potentiel est quasiment non utilisé. A ce jour, le pays n'a survécu que grâce à l'aide et aux importations alimentaires consacrant ainsi la dépendance du pays dans ce domaine vital. Il faut dire que, depuis son accession à l'indépendance en 1960, la production agricole congolaise n'a cessé de stagner, et même de chuter, pendant que la démographie est restée généreuse, autour de 3,3% l'an.

A. Politiques agricoles avant la décolonisation

Cette période de l'Etat indépendant du Congo (E.I.C) et celle de l'administration belge est riche en enseignements en ce qui concerne la politique agricole.

Pendant l'E.I.C le pays était la propriété du Souverain belge, qui, véritablement n'a pas élaboré et mis en œuvre une politique agricole. Toutefois, les mesures prises par celui-ci pendant cette période permettent de dégager quelques lignes de force de sa politique dans le domaine agricole, notamment :

- La nationalisation des terres au détriment de la population congolaise (politique des terres vacantes) ;

- Le règne de l'économie de la cueillette au profit du Souverain ;
- La mise en place d'une économie agricole dualiste, sans que les intérêts des autochtones ne soient pris en compte dans la mise en œuvre des stratégies de politique économique.

Au temps de l'administration belge, des actions concrètes firent réaliser dans le domaine agricole, et les résultats apparemment satisfaisants. Mokonda Bonza (2015) note qu'au lendemain de la deuxième guerre mondiale, le pouvoir colonial, conscient du faible niveau de vie de la population, et surtout des effets déstabilisateurs de l'effort de guerre sur les milieux ruraux, soucieux de promouvoir une industrie locale en substitution de biens importés, entreprit de développer un certain nombre de programmes cohérents. En somme, la cohérence et la flexibilité de ces programmes constituent l'atout majeur de cette politique qui a effectivement donné des réponses intéressantes, dans la mesure où elles ont contribué efficacement à la transformation de la vie rurale, à l'extension du marché intérieur, à l'élévation du niveau de revenu des populations agricoles et à l'essor de l'industrialisation. On peut aisément épingler quelques résultats, notamment dans les domaines suivants :

- les infrastructures ;
- la recherche agronomique (fleurons de la politique agricole belge au Congo avec INEAC) ;
- la formation agricole (les écoles professionnelles agricoles (EPA), les écoles d'assistants agricoles et vers la fin l'Université) ;
- les paysannats et les coopératives agricoles (avec la mission de l'installation des coopératives les paysannats avaient comme objectifs : Augmenter la productivité des sols tout en maintenant leur fertilité ; Assurer aux paysans une économie saine et durable ; grouper les producteurs) ;

- l'élevage, les eaux et forêts ;
- les prix et les revenus (avec trois principaux paramètres prises en compte : les prix des produits agricoles, les termes de l'échange des agriculteurs et les revenus des protecteurs agricoles) ;
- le crédit rural et les programmes spéciaux (notamment les aménagements et la protection d'érosion des terres agricoles, les travaux hydro-agricoles (irrigation, drainage), les travaux forestiers consistant dans les boisements de protection en régions de montage).

Cette époque a fait de la RD Congo, alors Congo-belge, l'un de plus grands producteurs et exportateurs nets des produits agro-alimentaires (premier exportateur d'huile de palme, hévéa,…). La politique agricole coloniale était orientée essentiellement à des fins d'exportation, en ce sens qu'elle a plus profité aux colons et moins aux agriculteurs congolais, entrainant ainsi des inégalités qui ont suscité haine et révoltes.

B. Politique Agricole pendant la IIème République

Après la période trouble de 1960 à 1965, marquée par une kyrielle de rébellions et une économie de razzia, l'autosuffisance alimentaire fut l'objectif primordial de la politique agricole menée entre 1966-1991. Ainsi, des actions furent donc entreprises dans le domaine de la production vivrière, de l'élevage et de la pisciculture. L'agriculture était censée générer des ressources en devises indispensables au financement du développement national.

Hélas, des mesures de zaïrianisation prises en 1974 ont sonné le glas de la politique agricole. Cette politique peut se résumer à quelques mesures suivantes :

- Planification agricole,
- nationalisation,
- projets et programmes,
- recherche agronomique,
- financement du secteur agricole,

- voies de desserte agricole,
- mécanisation agricole,
- vulgarisation agricole et développement rural.

Il s'agit-là des mesures d'orientation dont nous analysons succinctement quelques points forts.

i) La planification agricole

L'histoire du développement de l'agriculture au cours de cette longue période fut émaillée de plusieurs tentatives de planification. Dès 1970, un premier plan de relance agricole est lancé. Ce plan décennal vise à atteindre en 1980 l'autosuffisance alimentaire en denrées vivrières de base et l'accroissement de la production des matières premières destinées à l'industrie locale et à l'exportation. Faute des ressources humaines qualifiées et financières conséquentes, les résultats n'ont pas été à la hauteur.

Les mesures de zaïrianisation (nationalisation),qui consistaient au transfert de la propriété des entreprises étrangères aux nationaux capables de prendre en charge les fonctions de production et de commercialisation aux plans agricole et agro-industriel, se sont révélées chaotiques pour le pays.

Dans les provinces où le café est le principal produit d'exportation, la nationalisation intervient pendant que la récolte a eu lieu et que le café se trouve être stocké dans les entrepôts de la plantation, de la gare du chemin de fer ou encore des transitaires. Les acquéreurs désignés souvent comme gérants des plantations sont en général inexpérimentés, incompétentes et n'ayant aucune connaissance élémentaire de la gestion d'une entreprise. En conséquence, très vite les stocks se sont épuisés et les comptes soldés sans que l'on ne procède au renouvellement des stocks ou encore au réinvestissement.

D'autre part, certaines personnalités avaient acquis des unités tellement importantes qui les rendaient puissantes au point de constituer un danger réel pour le pouvoir qui se voulait paternaliste à tous les égards. L'échec de cette politique entraîne une contraction dramatique de la production agricole, des difficultés inextricables d'approvisionnement en carburant pour la production et le transport ainsi que la précarité des conditions d'existence en milieu rural.

Au premier semestre de 1976, un constat malheureux est fait : la stagnation de la production agricole. C'est l'occasion pour le ministère de l'agriculture d'organiser le premier symposium de l'agriculture. De ce symposium, de nouvelles actions sont programmées pour poursuivre le même objectif d'autosuffisance alimentaire. De mesures draconiennes sont prises sans tenir compte de la capacité réelle des agriculteurs et des limites de la stratégie de l'extension des superficies cultivées (un minimum de 1.7 Ha allant jusqu'à 2,3 Ha par personne et par saison culturale). Non seulement on surestime le volume de main-d'œuvre disponible au niveau des exploitations paysannes, et ce, en fonction du temps qui leur est imparti ; mais en plus, aucune disposition précise n'est arrêtée pour organiser les marchés ruraux. Ce n'est pas tout, le personnel agricole compétent continue à marquer pour assurer la vulgarisation des thèmes techniques et les pouvoirs publics ne s'aperçoivent pas que dans certaines régions agricoles, certes prospères, les jeunes préfèrent s'adonner à l'exploitation artisanale des produits miniers, plus rentables que l'activité agricole.

Dans la foulée, le fameux « plan Mobutu » est lancé en 1979. Dans la perspective de la mise en œuvre de ce plan, en janvier 1980, le gouvernement tente d'exécuter un programme agricole minimum dont les objectifs sont orientés *vers l'augmentation de la production de principales denrées vivrières*, à savoir le maïs, le manioc et le riz. La réalisation du PAM se trouvera butée aux contraintes d'ordre institutionnel et financier. La nouvelle stratégie agricole est présentée en juin 1981 au groupe consultatif de la banque mondiale réuni à Paris. Dans un second temps, une version actualisée de cette stratégie est présentée sous forme d'un plan de relance agricole dont l'exécution est prévue entre 1982 et 1984. Les objectifs demeurent fondamentalement les mêmes : autosuffisance alimentaire et expansion de la production de matières premières agricoles destinées à l'industrie locale et à l'exportation. L'exécution du plan intervient à une période où un nouveau vent souffle dans le pays, à savoir la libération des circuits économiques et le désengagement de l'Etat dans la production, comme conséquences des accords conclus avec les institutions de Bretton-Woods dans le cadre du premier programme d'ajustement structurel.

Dès 1985, le premier plan quinquennal de développement avec naturellement des stratégies et actions dans le secteur agricole est en préparation. La réalisation de ce plan, à cheval sur le premier programme d'ajustement structurel (1983-1986) et le second (1988-1990), est compromise tant au niveau des ressources financières qui paraissent nettement insuffisantes qu'à celui de la mauvaise affectation des ressources budgétaires.

ii) Les projets et programmes

Le foisonnement des initiatives de la part des partenaires bilatéraux et multilatéraux a donné naissance à une multitude de projets et programmes. Si en général, les projets se préoccupent de la promotion d'une culture, d'une zone de production ou encore d'une activité sectorielle spécifique, les programmes furent orientés vers la recherche à travers la promotion de l'institut national de la recherche agronomique. Ces programmes étaient conçus de manière à répondre une double préoccupation :

- L'autosuffisance alimentaire, et ce principalement dans la capitale et autres centres urbains ;
- Le souci d'accroître la production agricole exportable susceptible de générer des ressources nécessaires au financement du développement national.

Les principaux axes de ces programmes concernent notamment :

Cultures vivrières :

- Projets Maïs : programme national maïs, projet nord Shaba (PNS), centre de développement rural intégré de Mweka (CEDERIM), projet maïs du Kasaï oriental (PMKO) en remplacement de la commission agricole du Kasaï oriental (CAKO) ; compagnie de développement agricole intégré du Kwilu(CODAIK) ;
- Projets Manioc : programme manioc (PRONAM), projet manioc Feshi, projet de la Luala, projet agricole Mbanza-Ngungu auxquels il convient d'ajouter les projets déjà cités dans le cadre de la culture du maïs ;
- Projets Riz : programme national riz (PNR), projet de la Luala, etc ;
- Projets« Légumineuses » : programme national légumineuses (PNL) ;
- Projets Blé et pommes de terre : projet de développement de la culture du blé fut confié à la MIDEMA pour être conduit au Nord-Kivu et au Katanga (Moba et Fungurume). Tandis qu'en ce qui concerne la pomme de terre, un accord fut signé avec le CIP dans le cadre de la CEPGL.

Cultures industrielles destinées à l'industrie locale :

- Projets Cotonnier : la restructuration du secteur cotonnier s'est réalisée en 1978-79 au lendemain de la suppression de l'ONAFITEX. La caisse de stabilisation cotonnière (CSCO) fut créée pour coordonner de l'impulsion et de nouvelles sociétés d'économie mixte qui venaient de voir le jour : COTON CONGO à l'équateur ; la COTONNIERE au Kasaï et au sud Kivu ; ESTAGRICO au Nord Katanga et SOTEXKI dans la province orientale. L'objectif était d'enrayer les importations de coton et de promouvoir les exportations ;

- Projets Canne à sucre : le gouvernement a créé une structure d'étude et d'orientation de l'activité sucrière dans le pays, c'est la Direction des Projets sucriers. Le but était de résorber le déficit dans la production du sucre (*besoins évalués à 120.000 tonnes contre une production de 58.000 tonnes*) et d'élever la consommation par personne conformément aux normes de la FAO. Cinq projets sucriers étaient initiés : 2 projets d'extension (Kwilu – Ngongo et Kiliba) et 3 nouveaux projets (Mushie, Lotokila et Lubalanji). Le projet d'extension de KwiluNgongo (plantations et usines) qui fut financé par la Banque Mondiale et devait porter la production de 45.000 à 60.000 tonnes. Celui de Kibila (plantations et usines) devant porter la production de 13.000 à 20.000 tonnes fut financée par la BAD.
  De ces trois nouveaux projets, seul celui de Lotokila fut concrétisé : une plantation de 3.000 ha fut ouverte dans la forêt équatoriale pour une capacité de production de 15.000 tonnes de sucre par an. Les deux autres projets n'ont pas dépassé l'étape des études.
- Projets palmier à huile : Afin de prévenir la chute drastique de la production en rapport avec la croissance de la démographie et des besoins industriels, un Plan National Palmier fut mis au point avec le cofinancement de la BAD, le FAD et la Banque Mondiale (IDA). Sur trois entreprises agro-industrielles qui devaient participer à l'exécution du plan, deux, en l'occurrence PLZ et CP, ont répondu à l'appel du gouvernement, sans convaincre dans la durée.

Les cultures destinées principalement à l'exportation :

Censées procurer les devises nécessaires au pays, ces cultures ont concerné essentiellement les trois produits suivants :

- Le café : la restructuration de l'Office National du Café (ex OZACAF) devait se faire par la privatisation des fonctions agronomiques, commerciales et industrielles. La nouvelle mission de l'ONC devait être consacrée exclusivement à l'exercice de sa fonction normative. Un programme de développement du secteur caféier notamment dans la province Orientale fut conçu, mais n'a jamais connu un début d'exécution.

- Le thé : les projets du gouvernement ont concerné trois grandes unités qui venaient d'être privatisées, à savoir : BUTUHE, KAVUMU et NGWESHE.
- Le Cacao : les projets concernaient essentiellement l'unité de BULU (CACAOZA) et la mise en chantier de la nouvelle unité de BENGAMISA comprenant des plantations industrielles et paysannes (3.000 ha) financées par la BAD.

En ce qui concerne le secteur de l'élevage.

Les principaux projets ont été : le Projet ITURI et la mise en place d'une structure fédérale des coopératives d'éleveurs (ACOOPELI) ; le projet NORD-KIVU avec l'ACOGENOKI ; le ranch d'élevage bovins gérés par L'ONDE dans le Katanga (Muhila, Mitwaba, Kayembe Mukulu, Lomami, Katongola, Luilu, Kabuba, Gungu, etc.). A ces projets publics, il fallait également suivre l'exécution des projets initiés par les personnes physiques et morales de nationalité congolaise et étrangère. Plusieurs projets piscicoles ont été initiés et exécutés notamment dans l'hinterland de la capitale, dans le Bas-Congo et le Bandundu.

iii)La recherche agronomique

En 1985 intervient la restructuration de l'Institut National d'Etudes et Recherches Agronomiques (INERA), suite à ses difficultés à pouvoir gérer et développer ses 21 stations héritées de la période coloniale. La coopération bilatérale américaine, consciente de nombreuses contraintes dont notamment celle de l'autorité de tutelle, finança et appuya une structure parallèle à l'INERA, à savoir la Recherche Appliquée et Vulgarisation (RAV) qui dépendait directement du ministère de l'agriculture et qui développait une approche sectorielle de la recherche. Le RAV contrôlait et coordonnait des nombreuses activités, notamment celles du PNM, du PRONAM, du PNL et du PNR. Cette structure sera intégrée au sein de l'INERA après la restructuration de 1985.

iv) Le financement du secteur agricole

Bien que considéré comme une priorité des priorités, le secteur agricole n'a jamais bénéficié d'un budget à la hauteur des ambitions affichées par le gouvernement. Néanmoins, plusieurs institutions ont été mises à contribution pour le financement du secteur agricole. Au niveau du gouvernement proprement dit, on peut citer :

- Le Budget de l'Etat (fonctionnement, investissement et annexe) :
- Le Fonds Agricole, au niveau du ministère de l'Agriculture ;
- Le Fonds de Contrepartie, au niveau du Ministère du Plan ;
- Le Fonds des Conventions de Développement, au niveau du Ministère de l'Economie Nationale et de l'Industrie ;
- La Société Financement de Développement ;
- La Banque de Crédit Agricole.

Au niveau des privés, le financement s'est fait par le biais de banques commerciales dont les interventions privilégiaient les crédits de campagne en faveur des produits d'exportation, les produits vivriers étant évincés.

v) La vulgarisation agricole

C'est seulement vers la seconde moitié des années 80 qu'un service national de vulgarisation (SNV) vit le jour. Ce service a démarré à la satisfaction du gouvernement et de ses partenaires extérieurs. Cependant, il s'est rapidement essoufflé avec la suspension de la coopération structurelle intervenue au début des années 1990. Avant la guerre de 1997, l'implantation en province du SNV était lente, car elle ne couvrait que 17% du territoire national, autrement dit 52 secteurs sur les 300 qui ont été identifiés. En plus du manque des ressources, le SNV était frappé par la faiblesse des effectifs face aux normes admises dans ce domaine, soit un moniteur agricole pour 300 agriculteurs.

En définitive, la politique agricole menée durant la période a montré des ambitions nobles en termes d'objectifs (autosuffisance alimentaire, agriculture priorité des priorités, etc.) et par le nombre d'instruments mis en place.

En dépit de l'insuffisance de certaines mesures, l'échec de la politique agricole mise en place pendant cette période a des causes aussi bien internes liées à la conception de la politique elle-même, notamment l'absence d'une coordination cohérente des instruments. Par ailleurs, d'autres facteurs liés à la mauvaise gouvernance, la corruption et la mesure de zaïrianisation expliquent cet échec.

C. Politique agricole depuis 2000 et ses contraintes de mise en œuvre

Cette période sera marquée par la reprise de la coopération avec des institutions de Breton Woods d'une part, et à partir de 2002 la reprise de la croissance qui était en berne durant toute la décennie précédente.

Durant la période, l'objectif de l'autosuffisance ou de la sécurité alimentaire est resté leitmotiv du gouvernement. Cependant, face aux contraintes et défis, tant sociopolitiques qu'économiques, ces objectifs se sont encore avérés aléatoires, alors que le cap était fixé vers la relance du secteur afin de faire de la RDC le grenier agricole de l'Afrique si pas du monde. Les mesures prises dans le cadre DSRP tardent encore à donner les résultats escomptés. On note plusieurs contraintes à la mise en œuvre d'une véritable politique agricole en RDC.

- ***Contraintes à la réussite de la politique agricole en RDC***

Les contraintes de la politique agricole sont de nature plurielle comme nous l'avons relevé tout au long de cette section. Néanmoins, sur le plan agricole, ces contraintes peuvent se décliner en plusieurs thèmes :

- Le budget alloué à l'agriculture dépasse difficilement le 2,5% du budget national, et l'exécution n'a jamais dépassé 30% ;
- Les objectifs fixés sont rarement atteints ;
- Les stratégies sectorielles restent trop générales ;
- Les politiques agricoles émanent des partenaires au développement ;
- Le manque de cohérence entre actions engagées par l'Etat et celles engagées par les partenaires ;
- La baisse sensible de la population active dans le secteur Agricole ;
- La non prise en compte de la population rurale et des acteurs de base dans la conception des actions et projets entrant dans le cadre de la politique agricole ;
- Etc.

- ***Les défis à relever dans le cadre de la politique agricole en RDC***[29]

Les défis restent énormes au regard des échecs récurrents de la politique agricole de la RDC. Sans être exhaustif, nous épinglons quelques-uns :

- Mise en œuvre effective (moyens et infrastructures nécessaires) de la décentralisation ;
- Adaptation du système de concession foncière aux besoins d'investissement agricole à long terme ;
- Révision de certaines dispositions de la loi portant principes fondamentaux relatifs à l'agriculture ;

---

[29]Voir, Baudouin M. (2015).

- Augmentation de l'allocation du budget national au secteur agricole ;
- Substitution des importations alimentaires en faveur de la production vivrière nationale.

2.3. Efficacité des programmes économiques mis en place en RDC depuis 1960

De la lecture globale des programmes économiques mis en place en RDC depuis 1960, l'on comprend deux choses :

(i) Depuis son accession à l'indépendance, la RDC est frappée par les mêmes problèmes : instabilité politique, instabilité monétaire et décroissance économique (soit une croissance qui ne dure pas). Pourtant, si la stabilisation économique n'est pas durable, l'étape de la relance devient illusoire. En RDC, beaucoup de facteurs expliqueraient la brièveté des séquences de stabilité, en plus d'inadéquation, absence ou décalage temporel entre mesures fiscales et monétaires devant soutenir la stabilisation (Hamann, A.J et Prati, A. (2002)) :
   - La « chance » : c'est les chocs externes négatifs (comportement des taux d'intérêts internationaux, termes de l'échange, etc.) ;
   - Les conditions initiales : la stabilisation serait de courte durée pour autant que l'inflation aurait été élevée avant la stabilisation ;
   - Les conditions politiques et institutionnelles : la stabilisation dure peu dans un contexte où le pouvoir exécutif est faible ou les régimes politiques sont de courte durée.

(ii) La plupart de programmes économiques en RDC ont eu des objectifs et instruments similaires (même démarche) tel que décrit largement plus haut.

Ce constat, appuyé par l'évolution d'indicateurs socio-économiques clés en RDC, remet en cause l'efficacité de la politique économique du pays.

L'analyse des difficultés ayant caractérisé les anciens programmes de redressement économique aide à comprendre que l'Etat congolais fait face à deux défis majeurs que les politiques économiques menées à ces jours n'arrivent pas à surmonter : *la bonne gouvernance*, ainsi que son corolaire la *disponibilité d'un capital humain* à même de répondre aux attentes des entreprises. Il est vrai que les politiques économiques à elles seules ne suffisent pas, il faut compter avec la volonté politique des gouvernants pour leur mise en œuvre efficace.

L'efficacité dont il est question ici se réfère à la détermination et la capacité de conduire des réformes jusqu'au bout. A côté de la bonne gouvernance et l'entretien du capital humain, les gouvernements du pays se doivent de lutter pour la « stabilité politique », gage des réformes efficaces et d'une croissance durable ; car, comme l'estime Kalonji N. (2003), la crédibilité de l'Etat et les réactions des agents économiques (secteur productif) jouent sur la capacité des réformes à déclencher un processus de croissance.

En outre, pour assurer le bien-être collectif, objectif ultime d'une politique économique responsable (souvent ignoré en RDC), les stratégies à mettre en place doivent (Cfr DSRP-I) : réduire l'inégalité ; créer des emplois ; générer une croissance pro-pauvre ; améliorer le cadre de vie des populations (orienter les actions en faveur des groupes les plus vulnérables).

***

CHAPITRE III

LES CONDITIONS DE L'EMERGENCE

Analyses empiriques

C'est dans le souci de voir le pays, actuellement « considéré pauvre », entrer peu à peu dans la catégorie des pays à revenus intermédiaires d'ici 2021 (avec un PIB par tête à USD 1036/an), des pays émergents d'ici 2030 (avec un PIB par tête à USD 4000/an) et des pays développés d'ici 2050 (avec un PIB par tête à USD 12000/an), que le gouvernement congolais a décidé de doter le pays d'un plan national stratégique de développement (PNSD). Celui-ci reprend différents axes stratégiques devant matérialiser la vision à long terme du développement du pays, en passant par l'émergence économique.

Au vu de la situation socio-économique actuelle du pays, l'hypothèse d'une émergence économique de la RDC d'ici 2030 apparait comme une utopie plutôt qu'une réalité. C'est ce que nous essayons de montrer dans ce chapitre que nous organisons en deux sections. La première section aborde les considérations théoriques et empiriques autour de l'émergence économique ; c'est à la deuxième section que nous discutons de la clé de l'émergence économique en RDC ; et à la troisième section, nous abordons la question du coût et financement de l'émergence en RDC.

3.1. L'émergence économique : considérations théorique et empirique

Dans cette section, nous analysons le concept de « pays émergent » que nous distinguons du sous-développement et développement ; puis, nous étudions les caractéristiques socio-économiques des pays émergents.

3.1.1. Cadre théorique et concepts

L'expression « pays émergents » ou « économies émergentes » est fréquemment employée pour désigner les nouvelles puissances économiques à l'échelle mondiale (comme l'Inde, la Chine ou le Brésil), mais demeure à ces jours peu précis, à l'instar de l'expression « tiers-monde ».

L'économiste *Antoine Van Amaël* revendique la paternité de l'expression « marchés émergents » qu'il a utilisée dès 1981 pour désigner certaines économies du tiers-monde alors en phase de développement avancé. En 2001, *Jim O'Neill*, économiste de la banque Goldman Sachs, parle du groupe BRIC (Brésil, Russie, Inde et Chine) pour désigner, parmi les pays émergents, quatre économies prometteuses. Plus récemment, *Michael Geoghegan* invente en 2010 l'acronyme de CIVETS pour désigner le groupe constitué par la Colombie, l'Indonésie, le Vietnam, l'Égypte, la Turquie et l'Afrique du Sud.

Si les pays à revenus intermédiaires (PRI) et les pays les moins avancés (PMA) font l'objet d'une définition précise de la part des institutions politiques et financières internationales, celles-ci ne s'accordent pas sur la notion de « pays émergent ». Très fréquemment, seuls les critères économiques ou financiers sont pris en considération. L'Organisation de Coopération et de Développement Economiques (OCDE) distingue ainsi une vingtaine d'économies émergentes dont les principales caractéristiques sont : une forte contribution à la croissance économique mondiale, une amélioration des conditions de vie de la population, qui se traduit par une hausse de certains indicateurs tels que le produit intérieur brut (PIB) par habitant ou l'indice de développement humain, et une participation active aux échanges internationaux. D'autres observateurs soulignent pourtant la nécessité de distinguer les « économies émergentes » des « puissances émergentes ». Ce dernier qualificatif est plus restrictif et ne concerne que quelques États, appelés à exercer un rôle de premier plan dans les affaires internationales, de par leur poids économique et démographique, mais aussi leur capacité militaire et leur influence diplomatique.

Selon le Centre d'Etudes Prospectives et d'Informations Internationales, CEPII[(30)] en sigle, trois critères sont à considérer pour parler de l'émergence d'un pays, à savoir : *la richesse* (le PIB par tête moyen doit être inférieur à 70% de celui des pays de l'OCDE), *l'ouverture économique* (les exportations des produits manufacturés, autant pour les industries agroalimentaires, doivent croitre, en moyenne et par an, plus que la croissance des échanges mondiaux de 2%) et l'attractivité (le pays doit attirer les flux internationaux de capitaux).

De son côté, *Jim O'Neill*[(31)] et compagnie soutiennent que les pays émergents sont au départ fragiles, *exposés aux crises (Cfr. les crises financières des années 1990*), et sont des pays en développement. Ils sont caractérisés par un taux de croissance élevé, autant pour le niveau d'industrialisation et d'exportation des produits industriels, un marché intérieur en pleine expansion, et un fort niveau d'échanges avec les partenaires étrangers (fort taux d'ouverture).

Pour répondre à tous ces critères, il apparait indispensable au pays qui se veut émergent de s'imposer une série de réformes touchant aux systèmes et structures de son économie. Aussi, nous avons compris qu'un pays émergent doit accuser un fort niveau de richesse, une forte intégration à l'économie internationale sur le plan commercial et financier, ce qui suppose une forte

---

[30]CEPII (cité par Muanda, B.G.).

[31]Economiste à Goldman Sachs (www.ecoinfosmonde.com/2008/quisont les pays émergents? p.1), cité par Muanda, B.G.

industrialisation du pays. Les pays émergents sont des pays en développement au départ, qui ont mené une série des réformes.

Par ailleurs, nous essayons de distinguer les pays émergents des pays pauvres ou sous-développés, et des pays développés. Le tableau ci-dessous résume les différences entre eux.

Tableau 3.1 : Définitions des pays selon leurs niveaux de développement

Types de pays	Définitions	Caractéristiques socio-économiques principales
Pays sous - développés ou pauvres	Ils disposent encore des structures (*économiques, sociales, culturelles et institutionnelles*) moins favorables au développement et sont ainsi bloqués.	* Leur PIB par tête moyen varie entre USD 1.000 et 10.000 par an. * Ils sont aussi caractérisés par un tas de problèmes : insuffisance alimentaire ; faible niveau de vie ; industrialisation embryonnaire ; faible consommation d'énergie mécanique ; secteur commercial hypertrophié ; classes moyennes étouffées ; faible intégration nationale ;sous-emploi ;niveau d'instruction faible ;forte natalité ; état sanitaire défectueux ; etc. * Leur croissance est souvent basée sur l'exploitation agricole ou minière essentiellement.
Pays développés	Ils ont connu des changements structurels et amélioration du bien-être de leurs populations à la suite d'une croissance soutenue (durable).	* Leur PIB par tête moyen varie entre USD 40.000 et 100.000 par an. * Ils sont aussi caractérisés par : transformation de la société ; progrès des mentalités et amélioration de la qualité de vie (espérance de vie, niveau d'instruction et niveau de vie), évaluée par *l'indicateur de développement humain*/IDH. L'on notera que l'IDH varie de 0 à 1 (au-delà de 0,8 : il est considéré élevé ; en-dessous de 0,5 : il est considéré faible).
Pays émergents	C'est des pays sous-développés qui cherchent à se développer.	* Leur PIB par tête moyen rivalise avec celui de certains pays développés. Il est par définition au tour de 10.000 (plancher). * Le secteur industriel est la source de leur croissance qui n'est plus fondée sur l'agriculture et les mines.

Source : www.statistiquesmondiales.com

3.1.2. Des caractéristiques socio-économiques des pays émergents

L'on compare les pays riches (pays à haut revenus ou développés), les pays émergents (pays à revenus intermédiaires) et les pays non émergents, en considérant quelques indicateurs (PIB, PIB par habitant et les exportations.) :

- Entre 1967 et 1970 : les pays non émergents sont caractérisés par une politique commerciale protectionniste et une politique de croissance fondée sur l'import-substitution (les importations ont substituées la production nationale) ;
- Entre 1970 et 1980 : les pays émergents ont fortement libéralisé leurs échanges, exportant leurs produits vers les pays développés (ils se sont spécialisés de plus en plus vers les produits à forte demande sur le marché mondial) : pendant que l'effort à l'exportation (Exportation/PIB) des pays non émergents passent de 11,8% à 17,2% entre 1967 et 1997, celui des pays émergents passe de 12,3% à 27%.
- L'ouverture au commerce international est l'un des facteurs déterminants pour l'émergence des pays qui étaient pauvres vers les années 60 ;
- Les critères de l'émergence sont communs, mais doivent être adaptés aussi aux caractéristiques structurelles d'un pays (son histoire, sa culture, les choix politiques, etc.).

Le tableau ci-dessous résume ce constat :

Tableau 3.2 : Comparaison des pays émergents aux pays riches et non émergents

	PIB (milliards $)		PIB/tête (milliards $)		Exportations (milliards $)		Croissance 1967-1997		
	1967	1997	1967	1997	1967	1997	PIB	PIB/tête	Exports
Pays non émergents	1.348,1	2.628,6	886,8	972,3	166,3	452,8	195,0	9,6	172,3
Pays émergents	743,9	3.767,3	565,1	1.628,4	88,2	1.018,1	506,4	188,1	1.054,3
Pays riches	7.851,8	18.904,2	12.075,0	22.965,0	576,1	3.302,7	240,7	90,1	473,3

Source: CEPII (cité par Muanda, B.G.)

Il est également reconnu aux pays émergents des caractéristiques socio-économiques suivantes :

- Croissance économique soutenue et rapide ;
- Croissance démographique rapide, population jeune ;
- Histoire dominée par la colonisation et/ou les dictatures, à l'origine de la mise en place de structures inégalitaires ;
- Grandes ressources naturelles comme l'agriculture, les minerais, les énergies, bases du développement économique par des exportations vers les pays riches ;
- Dégradation de l'environnement suite à l'exploitation déraisonnée des ressources ;
- Contraintes spatiales liées à l'immensité du territoire, le relief ou le climat ;
- Infrastructures insuffisantes (routes, chemins de fer, ports, ...) ;
- Grandes inégalités spatiales de développement, opposition villes-campagnes à l'origine de migrations internes (exode rural) ;
- Grandes inégalités sociales à l'origine de la pauvreté, les violences, les maladies, etc.

3.2. Problématique de l'émergence économique de la RDC d'ici 2030

Ici, chiffres à l'appui, nous allons d'une part comparer la situation de la RDC à celle de pays émergents, considérant quelques indicateurs socio-économiques de base, et d'autre part, nous livrer à quelques projections ou simulations pour mettre en évidence les conditions d'émergence du pays.

Cette démarche nous aidera à déterminer clairement le statut actuel de la RDC et sa capacité à basculer à une classe supérieure. Mais de prime à bord, nous faisons une analyse critique du Plan National Stratégique de Développement (PNSD) pour vérifier le caractère réalisable ou non de la vision qu'il dégage.

3.2.1. Analyse critique du Plan National Stratégique de Développement (PNSD)

Le développement d'un pays doit s'inscrire dans une vision à long terme. La démarche doit être basée sur une analyse prospective. Celle-ci devra se manifester au travers d'un document type qui reprend les différents axes stratégiques pour y arriver. Pour le cas de la RDC, le PNSD se veut être cet outil qui mène le pays vers son développement. Ici, nous nous préoccupons à décortiquer le contenu du PNSD jusqu'à dire, avec des analyses avérées, si la vision contenue dans ledit plan est réalisable ou non. En d'autres termes, dire si d'ici 2021 la RDC sera un pays à revenu intermédiaire, d'ici 2030 un pays émergent, et d'ici 2050 un pays développé. Nous proposerons aussi des préalables et des mesures de politique économique adéquates en cas des insuffisances rencontrées.

A. Du pays sous pauvre (2016) au pays à revenu intermédiaire (2021) – pays émergent (2030) – pays développé (2050) : réalité ou illusion

A la lecture des indicateurs macroéconomiques affichés par l'économie de la RDC et vu les politiques sectorielles et multisectorielles mises en place par le Gouvernement, il paraît difficile, si pas impossible, d'atteindre le stade de développement en RDC dans l'horizon temporel défini par le PNSD. Cette impossibilité s'affirme davantage par la récente chute vertigineuse des cours des matières premières qui, malgré les efforts économiques fournis et les reformes structurelles et conjoncturelles entreprises, ruine l'économie du pays.

Pour s'en sortir et espérer, il tiendra tout d'abord de mettre en place des mesures pour stabiliser l'économie avant d'envisager sa relance. Chose qui ne sera pas faite du jour au lendemain par simple baguette magique, au vue de multiples crises socio-politico économiques que traverse le pays depuis des années.

Pour étayer nos propos avec un argumentaire chiffré, le PIB per capita actuel de la RDC se situe à 516$; Ce qui place le pays dans la catégorie des pays sous-pauvres. Avec un PIB per capita de 516$ (2016), la RDC doit atteindre un :

- *PIB per capita de 1036$ (2021) afin d'être considéré comme un pays à revenu intermédiaire ;*
- *PIB per capita de 4000$ (2030) afin d'être considéré comme un pays émergent ; et,*
- *PIB per capita de 12000$ (2050) afin d'être considéré comme un pays développé.*

Les cibles respectivement de 1036$, 4000$ et 12000$ étant des tranches inférieures de revenu.

B. Du pays sous pauvre au pays à revenu intermédiaire

L'horizon temporel défini dans le PNSD est de cinq ans, soit en 2021 partant de 2016, pour que la RDC quitte son stade actuel du pays sous pauvre au stade du pays à revenu intermédiaire.

Cependant, pour passer du pays sous pauvre au pays à revenu intermédiaire, la RDC doit faire passer son PIB per capita de 516$ (2016) à 1036$ (2021). Pour y arriver, vu le taux de croissance démographique (3%), l'économie congolaise devra réaliser un taux de croissance de 18%. Il faudra pour ce faire de grandes transformations de l'agriculture qui, couplées à l'industrialisation embryonnaire, créeront des emplois. Il faudra aussi une bonne politique de natalité.

Malheureusement, le développement de la RDC est bloqué, à ce jour, par l'absence des conditions propices à une transformation des structures économiques, sociales et institutionnelles de nature à faire apparaître une croissance qui dure, qui soit inclusive et qui mène au bien-être collectif ; ce qui va empêcher la réalisation de cette ambition d'ici 2021.

C. Du pays à revenu intermédiaire au pays émergent

Neuf ans séparent ces deux étapes, du pays à revenu intermédiaire (2021) au pays émergent (2030).

La RDC doit, pour y arriver, porter son PIB per capita à 4000$ pour devenir un pays émergent en 2030. A cet effet, l'économie doit afficher un taux de croissance annuel moyen 16% si, en 2021, il atteint déjà le stade de pays à revenu intermédiaire. Ce taux de croissance doit être réalisé et maintenu. Le pays devra alors créer des chaînes de valeurs dans tous les secteurs d'activités. Ceci doit être accompagné par une industrialisation intensive.

Malheureusement, étant donné que la RDC ne saura pas atteindre le stade de pays à revenu intermédiaire en 2021, il est difficile (voir impossible) que le pays soit émergent en 2030.

D. Du pays émergent au pays développé

Selon le PNSD, vingt ans suffisent pour faire de la RDC un pays développé, une fois franchi l'étape de pays émergent. Ainsi, le PIB par tête devra atteindre un cap de 12000$ en 2050. L'économie devra, pour ce faire, maintenir au moins son taux de croissance annuel moyen à 8.4%.

Les défis à relever étant énormes tant sur le plan de la gouvernance, du financement que des enjeux mondiaux, il est illusoire de réaliser la vision contenue dans le PNSD.

Actuellement, avec un PIB per capita annuel de 516$ et un taux de croissance moyen qui avoisine 3-4%, la RDC devra tripler celui-ci et réussir à le maintenir pour être classé successivement pays à revenus intermédiaires (2021), pays émergents (2030) et pays développés (2050).

Cependant, la question demeure : quelles sont les politiques publiques à mettre en place pour atteindre ces objectifs dans le délai imparti.

Bâtit sur sept orientations stratégiques (*consolidation sécurité-démocratie-justice, investissement qualitatif, amélioration climat des affaires-développement des secteurs privé et financier, diversification de l'économie-création de la chaîne de valeurs, agriculture et environnement*), le PNSD ne se fonde pas sur une démarche outillée d'élaboration et de formulation d'une politique publique universellement reconnue.

La démarche prospective du futur proche, moyen et lointain n'étant pas prise en compte, il apparait difficile qu'il soit un document de référence pour le développement du pays. Ceci parce que tous les enjeux ne sont pas connus. La réalisation du PNSD sera également butée sur l'instabilité financière et économique mondiale, les turbulences à l'Est du pays, la fragilité du secteur financier national, etc.

Pour se développer, l'économie de la RDC doit s'inscrire dans un mouvement long de croissance économique, elle ne doit pas évoluer en dents de scie comme c'est le cas à ces jours. Il faudra entrevoir des alternatives idoines et mettre en place des politiques publiques sectorielles et multisectorielles qui visent à la fois la diversification de l'économie, la création des emplois et l'exclusivité de la croissance économique.

3.2.2. Situation actuelle de la RDC comparée aux pays émergents (2016)

Nous avons retenu quelques indicateurs socio-économiques de base, tenant compte des données disponibles sur l'année considérée, pour comparer la situation de la RDC à celle des pays émergents. Les données que nous reprenons dans le tableau 3.3 ci-dessous sont observées en 2016.

Tableau 3.3 : RDC et pays émergents : comparaison d'indicateurs de base en 2016

Indicateurs	**RDC**	**Russie**	**Chine**	**Inde**	**Afr.sud**	**Bresil**
PIB courant en usd (milliard)	35	1.283,2	11.199,1	2.263,5	294,8	1.796,2
PIB/tête/an en usd	445	8.748	8.123	1.709	5.274	8.650
PIB/tête/jour en usd	*1,2*	*24,0*	*22,3*	*4,7*	*14,4*	*23,7*
Taux de croissance réel du PIB en %	2,4	-0,2	6,7	7,1	0,3	-3,6
Population (millions)	78,7	144,3	1.378,6	1.324,1	55,9	207,6
Taux de croissance démographique en %	3,3	0,2	0,5	1,1	1,6	0,8
IDH	0,44*	0,80*	0,74*	0,62*	0,67*	0,75*
Espérance de vie	59,2*	70,9*	76,1*	68,3*	61,9*	75,2*
Taux d'alphabétisation adulte	77,22*	99,72*	96,36*	72,23*	94,60*	92,59*
Classement facilité à faire les affaires	184	40	78	130	74	123

** 2015 ; Afr. sud (Afrique du sud) ; PIB/tête/jour (PIB/tête/an divisé par 365 jours).*

Sources : https://knoema.fr/atlas/, https://www.statistiquesmondiales.com; https://www.populationdata.net/pays/republique-democratique-du-congo/;http://unctadstat.unctad.org/wds/ReportFolders/reportFolders.aspx;http://www.un.org/fr/databases/index.html; http://databank.banquemondiale.org/data/databases.aspx

Le tableau ci-dessus montre que le chemin de l'émergence pour la RDC est encore loin, même très loin, à comparer ses caractéristiques à celles des pays émergents. Les écarts sont énormes. En fait :

- PIB par habitant (PIBH) : les pays émergents affichent en moyenne un PIBH entre USD 5.274 et USD 8.748 (l'Inde exclue, avec un PIBH faible à USD 1.709), alors que la RDC traine avec USD 445 ;
- PIB par tête/jour : Un congolais vit encore avec USD 1,20/jour, alors que le revenu moyen journalier pour un citoyen d'un pays émergent varie entre une fourchette basse de USD 14,4 et haute de USD 24 ;
- Espérance de vie : la moyenne est de 70,48 ans pour les pays émergents contre une espérance de vie de 59,2 ans pour la RDC ;
- Taux d'alphabétisation des adultes : la RDC accuse un taux d'alphabétisation des adultes à 77,22% contre 95,82% chez les pays émergents (l'Inde est exclue avec un taux de 72,23%) ;
- Indice de Développement Humain (IDH) : sur le plan de l'IDH, la RDC est encore loin du club des pays émergents avec un IDH à 0,44 (<0,5 : il est faible) contre une moyenne des pays émergents à 0,72 (proche de 0,8 : IDH élevé) ;
- Facilité à faire les affaires : la RDC n'a pas encore amélioré son climat des affaires, et il lui faut gagner 54 places pour rejoindre l'inde qui occupe la dernière position parmi les pays émergents.

Tableau 2 : Comparaison des pays émergents aux pays riches et non émergents

	PIB (milliards $)		PIB/tête (milliards $)		Exportations (milliards $)		croissance 1967-1997		
	1967	1997	1967	1997	1967	1997	PIB	PIB/tête	Exports
Pays non émergents	1.348,1	2.628,6	886,8	972,3	166,3	452,8	195,0	9,6	172,3
Pays émergents	743,9	3.767,3	565,1	1.628,4	88,2	1.018,1	506,4	188,1	1.054,3
Pays riches	7.851,8	18.904,2	12.075,0	22.965,0	576,1	3.302,7	240,7	90,1	473,3

Source: *CEPII (cité par Muanda, B.G.)*

3.3. Sur quel horizon temporel et à quel rythme de croissance notre marche économique pourrait atteindre l'étape de l'émergence d'ici 2030.

Par hypothèse, nous maintenons constant le taux de croissance démographique ou taux naturel à 3,3%, seul le taux de croissance économique fait l'objet de projections ou simulations. D'un côté, nous vérifions l'hypothèse d'émergence de la RDC sur base des réalisations (2,4% en 2016) et des projections (3,2% en 2017 ; 4,4% en 2018) ; de l'autre, nous analysons le temps que mettra le pays pour atteindre l'émergence avec une croissance à deux chiffres (soit 10%), et déterminons le taux de croissance qu'il faut pour une émergence d'ici 2030.

3.3.1. Vérification de l'hypothèse d'émergence de la RDC avec des taux de croissance de 2,4%, 3,2% et 4,4% (taux naturel maintenu à 3,3%)

En 2016, le pays a affiché un taux de croissance de 2,4%. Selon les projections de la Banque Centrale du Congo, ce taux devrait se situer à 3,2% en 2017 et à 4,4% en 2018. Sur base de ces réalisation et projections, nous vérifions l'hypothèse d'émergence de la RDC d'ici 2030. Le tableau 3.4 ci-dessous reprend les résultats de nos simulations[32].

[32]Dans nos simulations ou projections, nous avons fait l'hypothèse d'une évolution linéaire des variables « PIB et Population ». Aussi, 2016 constitue l'année de référence, et les projections commencent en 2017.

Tableau 3.4 : Richesse de la RDC en 2030 (croissance 2,4%, 3,2%, 4,4% et taux naturel 3,3%)

	Données	Réal. 2016	Proj. 2017	Proj. 2018
ΔPIB *réel*	-	*2,4%*	*3,2%*	*4,4%*
Variables	**2016**	**2030**	**2030**	**2030**
PIB (Mias) $	35	48,7	54,3	63,9
Population (mio)	78,7	124	124	124
PIB par tête/an $	445	393,2	438,5	515,5
PIB par tête/jour $	1,2	1	1,2	1,4
Projections	-	*Projection 1*	*Projection 2*	*Projection 3*

Source : l'auteur, nos propres calculs ; Réal. : Réalisation ; Proj. : Projection ; Mias : Milliard et mio : million.

Rappelons que le PIB par tête d'un pays émergent est compris dans l'intervalle de 4.000 à 5.000 USD. Pour ce qui est de la RDC, toutes choses restant égales par ailleurs, il ressort de résultats de nos projections ce qui suit :

- *Projections 1 et 2* : Aussi longtemps que la richesse va croitre moins vite que l'accroissement de la population(33), comme c'est le cas en 2016 et 2017, le pays affichera un PIB par tête inférieur à son niveau de 2016, et s'écartera de plus en plus du sentier d'émergence en 2030. Ce qui correspond parfaitement à un appauvrissement au sens de la théorie malthusienne.
- *Projection 3* : Avec un taux de croissance projeté à 4,4%, supérieur au taux naturel, le pays reste loin de l'atteinte de l'émergence en 2030, bien que son PIB par tête s'améliore légèrement comparé à son niveau de 2016.

3.3.2. Temps nécessaire pour l'émergence de la RDC avec des taux de croissance de 4,4%, 5%, à deux chiffres (10%) et un taux naturel maintenu à 3,3%

Ici, nous cherchons à déterminer le temps que mettra le pays à atteindre le statut d'émergent, avec un taux naturel maintenu à 3,3% et

[33] 2016 : 2,4% < 3,3% et 2017 : 3,2%< 3,3%.

des taux de croissance projetés de 4,4%, 5% et 10%. Le tableau 3.5 ci-dessous reprend les résultats de nos projections.

Tableau 3.5 : Richesse de la RDC en 2030 (croissance 4,4%, 5%, 10% et taux naturel 3,3%)

ΔPIB réel	-	*10%*	*5%*	*4,4%*
Variables	**2016**	**2051**	**2151**	**2224**
PIB (Mias) $	35	983,5	25.387	271.501
Population (mio)	78,7	245,2	6.305	67.459
PIB par tête/an $	445	4.009,8	4.026,2	4.024,6
PIB par tête/jour $	1,2	10,9	11	11
Temps à parcourir	-	**35 ans**	**135 ans**	**208 ans**
Projections	-	*Projection4*	*Projection5*	*Projection6*

Source : l'auteur, nos propres calculs.Mias : Milliard et mio : million.

Toutes choses restant égales par ailleurs, nous en relevons ce qui suit :

- *Projection 4* : Avec un rythme de croissance annuelle de 10% et un taux naturel à 3,3%, 35 années seront nécessaires à la RDC pour atteindre son émergence, soit l'horizon 2051.
- *Projection 5* : Avec un rythme de croissance annuelle de 5% et un taux naturel à 3,3%, la RDC devra attendre plus d'un siècle, soit exactement 135 ans, pour son émergence, soit l'horizon 2151.
- *Projection 6* : Si l'on s'en tient aux projections de la Banque Centrale du Congo, un rythme de croissance annuelle de 4,4% et un taux naturel à 3,3%, il faudra à la RDC plus de deux siècles (soit 208 ans) pour atteindre l'émergence, soit exactement l'horizon 2224.

Vu les résultats des hypothèses sur différents horizons temporels de l'émergence de la RDC, tels que présentés ci-haut, notre étude s'est interrogée finalement sur le rythme de croissance optimal qui permettrait l'atteinte de l'émergence en 2030. C'est l'objet du point suivant.

3.3.3. Rythme de croissance optimal pour l'émergence de la RDC d'ici 2030

Le PIB par tête d'un pays émergent devant se situer dans une fourchette de 4.000 - 5.000 USD, notre démarche est de déterminer le rythme optimal de croissance que doit réaliser la RDC pour rencontrer les caractéristiques socio-économiques établis d'un pays émergent d'ici 2030, avec un taux naturel maintenu à 3,3%(34). Le tableau 3.6 ci-dessous rapporte les résultats de nos projections :

Tableau 3.6 : Taux de croissance optimal pour l'émergence de la RDC d'ici 2030

Variables	2016	2030	2030
PIB (Mias) $	35	496,2	620,2
Population (mio)	78,7	124	124
PIB par tête/an $	445	4.000,3	5.000,5
PIB par tête/jour $	1,2	10,9	13,7
ΔPIB réel	-	**20,853%**	**22,795%**
Projections	-	*Projection 7*	*Projection 8*

Source : l'auteur, nos propres calculs. Mias : Milliard et mio : million.

Toutes choses restant égales par ailleurs, il en ressort :

- Projection 7 : Avec un taux naturel à 3,3%, le pays doit réaliser un rythme de croissance annuelle de **20,853%** pour atteindre l'émergence en 2030, avec un PIB par tête de 4.000,3 USD, correspondant à la fourchette basse des pays émergents.
- Projection 8 : Pour être classé parmi les pays émergents en 2030, dans la fourchette haute(35), le pays doit plutôt réaliser un rythme de croissance annuelle de **22,795%**, pour un taux naturel à 3,3%, avec un PIB par tête de 5.000,5 USD.

Au regard des résultats de nos projections, il apparait que la RDC aura besoin d'un rythme de croissance accru à deux chiffres pour

---

34 L'évolution démographique représentant une tendance lourde, par conséquent, nous avons maintenu logiquement ce taux de 3,3% dans toutes nos projections.

35 Soit atteindre le niveau actuel de l'Afrique du sud : ce pays a un PIB par tête de 5.274 USD en 2016.

espérer l'émergence à l'horizon 2030. Ainsi donc, 20,9% (arrondi) de croissance annuelle seront nécessaires d'ici 2030 pour atteindre la fourchette basse du PIBH de 4.000 USD, et 22,8% (arrondi) de croissance annuelle pour atteindre la fourchette haute du PIBH de 5.000 USD. Ceci représente un défi immense dans la mesure où les caractéristiques socio-économiques de la RDC sont assez faibles, bien que le potentiel soit fabuleux. Des nouvelles orientations de politiques économiques paraissent cruciales.

CHAPITRE IV

LA CLE DE L'EMERGENCE EN QUESTION : ELEMENTS D'ORIENTATION STRATEGIQUE

Il est indispensable au pays qui se veut émergent de s'imposer une série de réformes touchant aux systèmes et structures de son économie.

Les réformes appliquées par la plupart des pays émergents se résument en ceci :

- Stabilisation des comptes publics : équilibre budgétaire (réduire les dépenses dans des secteurs jugés budgétivores, etc.) ;
- Privatisations : elles occasionnent plus d'efficacité (croissance de la production) et impliquent l'accroissement des recettes fiscales etc. ;
- Réformes des systèmes financiers : le développement financier est un facteur de croissance
- Libéralisation du commerce extérieur et l'agriculture : insertion dans les échanges mondiaux
- Réformes sur de protection des droits de propriété,
- Amélioration progressive du cadre législatif : les réformes accroissent le rendement du capital et attirent les investisseurs.

Les expériences de quelques pays émergents sont éloquentes au regard du sentier de leur émergence :

Les Brésil : A l'actif de son émergence on place l'équilibre des comptes publics, la bonne gouvernance qui a impliqué la stabilité monétaire.

Pour équilibrer ses comptes, l'Etat brésilien avait pour stratégie de cesser avec le recrutement des fonctionnaires autant pour la subvention des entreprises publiques

La Corée du Sud : elle doit son émergence aux réformes qui ont établi l'Etat comme seul banquier coréen, choisissant seul à qui octroyer du crédit à des taux négatifs même.

L'Inde : les réformes lancées en 1991 et la transition démographique sont à compter parmi les déclencheurs de l émergence de ce pays

L'Russie : l'esprit d'entreprise et la privatisation caractérisent l'émergence russe.

La Chine : l'ouverture économique est le secret de l'émergence chinoise : la Chine a vu sa part dans le commerce international passé de 3,65% en 2000 à 9,6 % en 2009, soit une augmentation de 380% en valeur.

4.1. Mobiliser le financement interne et externe

La clé de l'émergence de la RDC dépend essentiellement de la capacité à accumuler des financements nécessaires tant au plan interne qu'externe, et de leur usage efficace. Comme le note Berr Eric (2007), « *si tout processus de développement économique et social est conditionné par l'obtention de ressources financières, qu'elles soient internes ou qu'elles proviennent de sources extérieures, il dépend avant tout de l'usage qu'en est fait* ».

En ce qui concerne les ressources extérieures, penser que les financements bilatéraux et multilatéraux seuls suffiraient à l'émergence du pays est illusoire. Comme le montre Kalecki M. et Sachs I. (1966), le simple recours aux capitaux étrangers pour financer le développement n'accroit pas de façon automatique le stock de capital des pays en développement, n'améliore pas non plus leurs capacités productives ; ces capitaux servent par contre à soutenir leurs balances des paiements bien souvent. Par contre, les marchés financiers internationaux, au regard des flux des capitaux qu'ils drainent, devraient constituer une source de financement sûr pour le pays ; malheureusement, le risque pays est tel que la RDC se voit moins éligible dans ces marchés, affichant une mauvaise cotation imputable au climat des affaires médiocres, à l'insécurité, aux crises, etc. Pour être éligible à ces marchés et espérer ainsi lever des fonds colossaux, l'Etat congolais devra travailler sur sa crédibilité à travers la bonne gouvernance.

De même, à supposer que le pays puisse accéder au volume de financement voulu, s'ils sont mal utilisés, autant ces fonds entravent le processus de développement du pays et se révèlent inefficaces. Malheureusement, l'histoire de notre pays montre qu'on n'a pas été un bon élève en matière d'endettement. L'énorme dette de la RDC (évaluée à plus de 13 milliards de USD) n'a pas permis au pays d'amorcer son émergence, en raison des mauvais choix de politiques économiques (politique d'érection des éléphants blancs) qui ont engendré corruption, gaspillage, détournement. Les fonds devraient plutôt servir à financer des projets d'investissements durables (agriculture, eau, électricité, routes, ponts, etc.) tout en préservant l'équité sociale. L'Etat congolais devra fournir des efforts pour renforcer la bonne gouvernance et la stabilité politique, qui est un gage de stabilité socio-économique.

Désormais, les bailleurs des fonds lient le prêt à la stabilité politique du pays. A défaut, les prêts bilatéraux sont soit gelés ou assortis des fortes conditionnalités intégrant le risque pays, ce qui fait de ressources extérieures un mode de financement encore aléatoire. L'émergence de la RDC dépendra, pour une bonne part également, de la capacité du pays à intégrer la globalisation financière internationale et à mobiliser des ressources nécessaires à cela.

Quant aux sources internes, leur mobilisation suppose que la RDC dispose d'un système bancaire moderne et un régime fiscal efficace et équitable. Cette équité est synonyme d'institutions publiques fiables (moins corrompues, etc.). A l'interne, l'Etat ne pouvant pas compter sur l'épargne nationale, la modicité des salaires et le chômage limitent cette source de financement qui ne représente pas grand-chose, devrait compter sur ses propres recettes (taxes, impôts, etc.). Avec les banques locales, il continue à se poser un problème du volume et de la crédibilité de l'Etat. Le système financier congolais est tellement étroit qu'il ne saura financer l'émergence du pays, sans compter le poids de la dette intérieure due par l'Etat congolais qui n'est pas de nature à motiver ou convaincre les opérateurs économiques. Ce qui pose ainsi le problème de la capacité de financement des banques locales et de l'efficacité de l'Etat à rembourser ses dettes (question de crédibilité et de confiance). Ici, l'Etat congolais peut miser sur la privatisation des entreprises publiques. Ce processus peut aider à constituer un « *fond souverain* » important de nature à renforcer même ses réserves internationales et à financer certains projets de développement. Cette piste reste toutefois aléatoire vu que les entreprises publiques congolaises sont pour la plupart lourdement endettées si bien que leur restructuration, avant toute liquidation, pose un autre problème de financement.

Comparativement au mode de financement traditionnel de l'Etat, les politiques publiques qui devront mener la RDC vers l'émergence doivent reposer essentiellement sur la fiscalité pro-émergence comme source principale de financement. Il s'agit de mettre en place une politique fiscale (intérieure et extérieure) qui se focalise sur les objectifs définis pour l'émergence.

Il est un constat que les pays en développement financent leur développement de plus en plus par des recettes budgétaires propres. En fait, depuis 2000[(36)], l'on note une amélioration des parts des dépenses publiques financées par des recettes

[36]Cfr rapport réunion ministérielle OIF, Washington, le 18 avril 2013.

budgétaires (*elle est passée de 39% à 62% dans les pays les moins avancés/PMA, et de 46% à 67% dans les pays à revenus faibles/PRF*), bien que le niveau de collecte de recettes demeure faible (*moins de 20% du PIB dans bien de pays, contre plus de 30% dans bon nombre de pays à revenus intermédiaires/PRI, et plus de 35% dans les pays OCDE*). Pour y arriver, ces pays ont multipliés des efforts allant dans le sens de renforcer l'efficacité de collecte des recettes et élargir l'assiette imposable. Plus précisément, ces pays ont dû augmenter le niveau de collecte auprès des grands investisseurs (les étrangers surtout) en éliminant les exonérations et en négociant au mieux des contrats (*c'est le cas de la Guinée, le Liberia, la Bolivie, la Sierra Leone et le Niger qui ont renégocié des contrats avec de grands investisseurs, et ont ainsi réduit leur dépendance face à l'aide publique au développement/APD*).

4.1.1. Sources de financement de l'émergence économique de la RDC d'ici 2030

L'émergence économique du pays d'ici 2030 a un coût qu'impliquent les efforts de transformation et d'industrialisation du pays devant conduire à une croissance économique moyenne à deux chiffres (soit 18% entre 2016 et 2021, et 16% entre 2021 et 2030), gage de l'émergence du pays d'ici 2030, toutes autres choses étant égales par ailleurs. La RDC devra payer cher pour combler l'écart de revenus qu'elle accuse par rapport aux pays à revenus intermédiaires et les pays émergents.

Ce coût est aussi important qu'il devra couvrir la stabilisation du cadre macroéconomique, la reprise ou relance ainsi que la croissance économique. Suivant le rapport de la politique monétaire, relevant de la 12ème réunion ordinaire de l'an 2016 (tenue vendredi 13/01/2017), le taux de croissance économique en RDC s'établit à 2,5% en 2016 (basé sur les données de production à fin septembre 2016), soit un recul de 4,4 points comparé à 2015 où ce taux se situait à 6,9% ; l'inflation s'accélère pour se situer à 11,24% à fin décembre 2016 contre une cible à 4,2% ; le déficit des finances publiques inquiète par sa hauteur qui atteint CDF 503,9 milliards ; le CDF se déprécie face aux USD de plus en plus et le taux de change demeure volatile (*respectivement en officiel et en parallèle, à fin décembre, le taux USD/CDF s'est situé à 1215,59 et 1269,13*) ; les réserves de change s'amenuisent davantage, passant de USD 1.403,58 millions à fin décembre 2015 à USD 852,38 millions à fin décembre 2016 ; etc. Un tel contexte économique réduit les chances de l'émergence du pays d'ici 2030 et accentue le coût de la dite émergence.

Ceteris paribus, les perspectives économiques du pays restent sombres. Ainsi, le moment est indiqué pour réfléchir sur les sources de financement à même de conduire le pays vers l'émergence d'ici 2030, tenant compte du contexte économique congolais de moins en moins favorable.

En effet, pour financer son émergence d'ici 2030, l'Etat congolais se doit de mobiliser des ressources financières internes, soit faire appel aux ressources financières externes. Au regard de son déficit actuel, susceptible d'entretenir des tensions inflationnistes, et des défis majeurs auxquels il fait face de nos jours (élections, sécurité au centre et à l'est du pays, etc.), l'Etat congolais accuse un budget qui limite ses moyens et l'oblige de se retourner vers des privés, des banques, d'autres pays, etc.

Pour mieux identifier la (les) source(s) de financement à même de conduire le pays vers l'émergence d'ici 2030, dans les lignes qui suivent, nous commençons par présenter les différentes sources de financement d'un pays, d'un point de vue théorique (normatif) ; ensuite, nous évoquons les contraintes de nature à limiter le financement de l'émergence du pays d'ici 2030 ; nous allons finir par une analyse critique des différentes sources de financement de l'émergence du pays, et nous en proposerons une qui sera jugée optimale.

4.1.2. Différentes sources de financement d'un pays

L'Etat, en tant qu'agent économique, assure un rôle de catalyseur du développement économique et social. A ce titre, l'Etat a besoin de ressources pour entreprendre son programme d'investissements publics. Les domaines d'intervention sont nombreux et nécessitent d'importants moyens financiers : *par exemple, la mise en place d'une infrastructure de base (construction de routes, hôpitaux, écoles, électrification, adduction en eau potable, etc….)*. Bien souvent, et c'est le cas de bon nombre de pays en voie de développement, l'Etat ne dispose pas de ressources suffisantes pour couvrir ses besoins de financement. Deux voies s'offrent dès lors à lui pour financer ses besoins :

- Au niveau interne, l'Etat peut faire appel à l'épargne nationale (*auprès des opérateurs économiques et du système bancaire local*) et ses recettes (*taxes, impôts, etc.*). La collecte de cette épargne peut se réaliser à travers l'émission d'emprunts obligataires, l'émission de bons de trésor, ainsi que des emprunts directs auprès du système bancaire local ; tandis que la mobilisation de ses recettes dépendra de sa politique fiscale.
- Au niveau Externe, en raison de l'insuffisance des ressources propres et de l'épargne nationale, l'Etat peut recourir aux capitaux étrangers sous forme d'emprunts. Il faut cependant noter que le pays peut recevoir, dans des circonstances particulières, des dons ou des aides publiques au développement sous forme financière, matérielle ou d'assistance technique. Mais il est évident qu'aucun pays ne peut fonder sa politique de développement sur des transferts unilatéraux basés sur la bonne foi de ses partenaires.

Tableau 4.1. Les différentes facettes de l'épargne

Epargne	Privée	Publique
Intérieure	Epargne privée intérieure	Taxation et emprunt public
Extérieure	Investissement direct Etranger ; Investissement de portefeuille et Envois des fonds des migrants	Aide publique au développement, emprunt public

Source : BOUKARI M. (2014), « La théorie de la libéralisation financière face aux enjeux du financement du développement en Afrique subsaharienne », Thèse de doctorat en sciences économiques, université de Bordeaux, p.88.

A. Typologie des sources de financement extérieures

La dette publique extérieure peut être définie comme l'ensemble des emprunts contractés par l'Etat ou par des sociétés publiques ou sociétés privées exerçant des activités d'intérêt général avec la garantie ou l'aval de l'Etat auprès des bailleurs de fonds extérieurs. Autrement, par endettement extérieur, considérons l'ensemble des concours demandés par un gouvernement auprès des partenaires (*bilatéraux, multilatéraux, institutions financières, marchés financiers, etc...*) pour financer les actions de développement que le budget national n'a pu couvrir.

Selon le FMI, la dette extérieure est vue comme une obligation directe, non contingente, résultant d'un accord contractuel prévoyant la mise à disposition de valeurs sous forme d'actifs (*y compris monétaires*) ou services, et par lequel le débiteur s'engage à effectuer plusieurs paiements sous forme d'actifs (y compris monétaires) ou de services, selon un échéancier déterminé ; ces paiements libéreront le débiteur des engagements contractés en terme du principal et /ou d'intérêts[37].

Du point de vue juridique, cette définition globale implique une pluralité d'acteurs aussi bien du côté des créanciers que des

[37] Conseil d'administration du FMI, du 24 aout 2000.

débiteurs. De plus, elle s'établit selon deux critères : la résidence des parties et la monnaie utilisée. Au demeurant, ces emprunts sont libellés en monnaie étrangère, et le plus souvent en devises fortes (dollars, euros, livres sterling, yen, francs suisses).

Schéma 4.1. Les différentes catégories de dettes

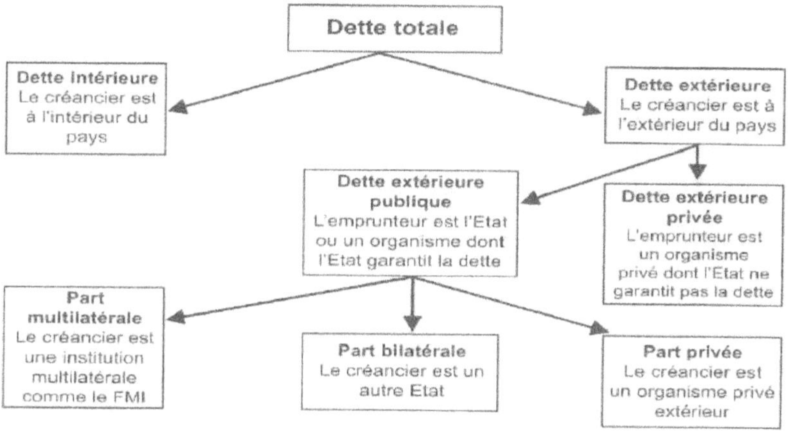

Source : CETIM/CADTM (2006), « Menons l'enquête sur la dette ! Manuel pour des audits de la dette du Tiers monde, CETIM Genève/ CADTM Liège.

Du schéma ci-dessus, l'on comprend que la dette extérieure pour un pays se répartit en dette extérieure publique et en dette extérieure privée. Si la première est contractée par les pouvoirs publics (Etat, collectivités locales...), la seconde est plutôt contractée par des organismes privés.

Concernant la dette extérieure publique, notons qu'elle se décompose en 3 parts selon la nature des créanciers :

- **Une part multilatérale**, lorsque le créancier est une institution multilatérale, comme par exemple les institutions financières internationales : Banque Mondiale, Fond Monétaire international, Banque Africaine de développement, Banque Européenne d'Investissement, etc., qui accordent, dans certaines conditions, des prêts aux pays en développement ; l'ensemble de ces prêts en provenance d'eux constitue la dette multilatérale et fait d'eux des créanciers multilatéraux et de leurs prêts la dette multilatérale ;

- **Une part bilatérale**, lorsque le créancier est un autre Etat. En particulier, la dette bilatérale est celle qui est accordée par des pays donateurs réunis en club des donateurs (club de Paris, club de Londres, etc.), les institutions fictives sans statut juridique : ceux-ci tiennent souvent leurs réunions en France (à Bercy), à Londres ou à New York ; et,
- **Une part privée**, lorsque le créancier est une institution privée comme une banque ou quand elle provient des marchés financiers.

Dans le cas notamment des pays en développement, l'on peut relever le débat entre théoriciens sur la notion de « *dette odieuse* ».

Selon Alexander Sack (1927), cité par Nayla A. (2007, p. 7), théoricien de cette doctrine, « *Si un pouvoir despotique contracte une dette, non pas selon les besoins et les intérêts de l'Etat, mais pour fortifier son régime despotique et réprimer la population qui le combat, cette dette est odieuse pour la population de l'Etat entier. Cette dette n'est pas obligatoire pour la nation : c'est une dette de régime, dette personnelle du pouvoir qui l'a contractée ; par conséquent, elle tombe avec la chute de ce pouvoir* ».

Ainsi, les dettes contractées à l'encontre des intérêts de la population du pays endetté sont «*odieuses*» et, le pays n'est pas tenu de les rembourser. La doctrine de la dette odieuse trouve son origine au 19ème siècle. Une de ses applications remonte à l'année 1898, lorsque les Etats-Unis prirent le contrôle de Cuba après la guerre contre l'Espagne et que celle-ci leur demanda d'assumer la dette cubaine à l'égard de la couronne espagnole, conformément au droit international.

Pour que l'on parle de « dette odieuse », trois critères doivent être remplis :

- *Absence de consentement* : la dette a été contractée contre la volonté du peuple.
- *Absence de bénéfice* : les fonds ont été dépensés de façon contraire aux intérêts de la population.
- *Connaissance des intentions de l'emprunteur par les créanciers.*

Si l'un des critères ci-haut n'est pas respecté, on ne parlera pas de dette odieuse. Il en est ainsi d'une dette utilisée par un despote pour construire des hôpitaux ou de créances détournées par un régime démocratique. On pourra débattre de leur caractère illégitime, mais non les définir comme odieuses. Si la dette est odieuse, elle est nulle et ne saurait être réclamée à l'Etat concerné une fois le régime contractant tombé.

Par ailleurs, il sied de relever que plusieurs raisons justifient le recours d'un Etat aux emprunts extérieurs, dont les principales sont :

- Le déficit budgétaire ;
- L'insuffisance de l'épargne interne ;
- L'écart entre les importations et les exportations ou le déficit courant.

Nous résumons ci-dessous les différents types de financement d'origine extérieure :

- ***Les prêts bilatéraux***

Cette catégorie de prêts dits « bilatéraux » fait intervenir deux pays : un pays demandeur (en besoin de financement) et un autre prêteur (en capacité de financement). Le pays qui prête exigera au pays qui emprunte un fond de garantie (fond souverain) devant servir de gage au financement. Les prêts bilatéraux se présentent généralement sous forme des dotations budgétaires, des fonds de développement et des fonds spéciaux.

- ***Les prêts multilatéraux***

Contrairement aux prêts bilatéraux, les prêts multilatéraux sont des fonds que divers riches privés mettent à la disposition des institutions financières internationales (FMI, Banque Mondiale) pour une gestion efficace (*des prêts qui profitent aux créanciers et aux débiteurs en termes d'amélioration des conditions socio-économiques*). Les prêts multilatéraux sont accordés pour mettre en œuvre les politiques économiques de stabilisation ou conjoncturelles (prêts accordés par le FMI), et/ou les politiques structurelles (prêts accordés par la BM). Dans cette catégorie, il y a lieu d'aligner le « Club de paris » qui est constitué des privés (un groupe informel), à forte capacité de financement, qui négocient des dettes (rééchelonnement, annulation, etc.). Les différents types de prêts multilatéraux sont repris ci-dessous :

- ***Les aides et assistances***

Les aides et assistancess sont des facilités budgétaires et/ou matérielles accordées par des pays étrangers pour appuyer des projets de développement sociaux, soit ceux de secours.

L'aide internationale ou l'aide publique au développement désigne un système international de transferts de ressources publiques, qui met en relation des pays «donneurs» avec des pays «bénéficiaires» (Charnoz et Severino, 2006).

Selon le comité d'aide au développement de l'Organisation de Coopération et de Développement Economiques (OCDE), l'aide publique au développement (APD) se définit comme l'ensemble de « tous les apports de ressources qui sont fournis aux pays et territoires (sur la liste des bénéficiaires d'APD), ou à des institutions multilatérales, et qui répondent aux critères suivants :

(i) ***émaner d'organismes publics***, y compris les Etats et les collectivités locales, ou d'organismes agissant pour le compte d'organismes publics ; et,
(ii) sachant que chaque opération doit en outre : a) avoir pour but essentiel de favoriser le ***développement***

économique et l'amélioration du niveau de vie des pays en développement ; et b) être assortie de conditions favorables et comporter un ***élément de libéralité*** au moins égal à 25% (sur la base d'un taux d'actualisation de 10%) ».

Ainsi, l'APD est une réponse des partenaires techniques et financiers aux sollicitations d'un pays, en dons ou en prêts préférentiels.

- ***Les appuis budgétaires***

Accordés par le FMI, ils permettent de résorber et financer les déficits budgétaires.

- ***Les Fonds souverains***

Ces fonds sont constitués sous forme des réserves de change tirées de la vente des ressources naturelles (pétrole, gaz, etc.). Ils peuvent, par la suite, être utilisés pour financer les grands projets intégrateurs de développement.

- ***Les Prêts privés***

Mode de financement consistant à recourir aux marchés financiers par l'émission des obligations et actions.

- ***Le financement des ONG***

Dans le cadre des sources de financement innovantes, les bailleurs des fonds se tournent de plus en plus vers les ONG qu'ils financent, à défaut d'un Etat sérieux. Les ressources financières et matérielles des ONG (internationales et nationales) contribuent à financer aussi les projets de développement.

- ***Les apports de la diaspora***

Il s'agit des fonds des migrants qui atterrissent dans le pays pour y investir souvent dans le commerce et transport. Le Gouvernement se doit d'accorder des facilités (visa, séjour, etc.) afin que les fonds provenant de la diaspora augmentent et contribuent à l'émergence et au développement du pays.

B. Typologie des sources de financement internes

L'émergence économique de la RDC doit passer par une enveloppe significative des crédits à long et moyen terme pour les projets structurants et les investissements productifs. Ci-dessous, les différents types des sources de financement internes :

- ***La dette intérieure (épargne nationale)*** : il s'agit des dépôts des individus auprès des banques commerciales, ou toute autre forme d'épargne. Pour collecter l'épargne nationale (la dette intérieure), le gouvernement procède par émission des titres et obligations sur le marché intérieur.
- ***La fiscalité*** : il s'agit des différentes taxes (impôt sur les revenus, impôt sur le chiffre d'affaire, impôt sur les bénéfices et profits, taxe sur la valeur ajoutée, etc.) et recettes publiques (recettes domaniales, celles provenant des entreprises publiques, etc.) que l'Etat collecte auprès des opérateurs économiques pour financer des projets de développement et les redistribuer pour lutter contre les inégalités sociales ou sectorielles.

4.1.3. Contraintes au financement de l'émergence de la RDC

En analysant toutes ces sources de financement potentielles pour l'émergence de la RDC d'ici 2030, et compte tenu de sa structure économique actuelle ainsi que des goulots d'étranglement qui étouffent son économie, l'on peut relever des limites ou contraintes susceptibles d'empêcher l'émergence du pays d'ici 2030. Ces contraintes sont :

A. Au plan externe

Sur le plan extérieur, il y a lieu de relever les contraintes suivantes :

- Le fait qu'une dette soit libellée dans une monnaie étrangère, le plus souvent le dollar américain, constitue en soi une contrainte pour les emprunteurs : il ne suffit pas au débiteur de dégager des excédents pour honorer le service de la dette, à savoir le paiement des intérêts et des annuités du principal, encore faut-il qu'il dispose de ressources suffisantes en devises.

- Le principal inconvénient d'un recours à la dette extérieure est le remboursement de cette dette. Selon la théorie classique, l'endettement n'est justifié que pour financer les dépenses d'investissement, c'est-à-dire des dépenses qui augmentent la capacité productive de l'économie et assurent leur financement ultérieur. Les dépenses de fonctionnement, par leur nature, créent des avantages immédiats ; mais, il serait contraire à une gestion efficace et équitable du secteur public de les financer par endettement car, il entraîne le report du financement à une date future : la charge de financement de ces dépenses est reportée sur les générations futures, pendant que le bien-être de ces dernières n'en sera pas augmenté.
- Les fonds vautours : Les fonds vautours (comme les définissent, entre autres, le Fonds Monétaire International et le Chancelier britannique Gordon Brown) sont des entreprises qui rachètent la dette de pays pauvres à vil prix lorsqu'elle est sur le point d'être annulée, et exigent ensuite de se faire rembourser le total de la valeur de la dette plus les intérêts.

  Les «fonds vautours» sont souvent accusés d'agir en prédateurs des pays pauvres, en achetant des créances à bas prix, pour déclencher ensuite des procédures judiciaires afin d'obtenir le remboursement complet de la valeur initiale de ces dettes, ce qui représente habituellement des plus-values très élevées et aggravent la situation de ces pays en développement.

  L'aide publique au développement est considérée comme étant un instrument de politique économique à l'échelle internationale pour des pays comme les États-Unis, la France, le Royaume-Uni, l'Espagne, la Suède, la Chine, etc. Ces pays cherchent soit à accroître leur puissance (théorie néoréaliste), à exploiter les pays bénéficiaires (théorie néo-marxiste), à rechercher le bien-être matériel (théorie néolibérale), à poursuivre leurs intérêts privés (théorie libérale), ou à aider les autres qui possèdent moins de ressources par obligation morale (théorie idéaliste). Ainsi, la thématique de l'APD soulève un certain nombre de questions entre les praticiens et les chercheurs. L'APD sert-elle les donneurs ou les bénéficiaires ? Quel est son impact économique pour les pays bénéficiaires mais aussi pour les pays donneurs ? Est-elle un instrument de politique économique au service de la mondialisation *via* les institutions internationales ?

Les études de Boone (1996) et Burnside et Dollar (2000) tentent de mesurer l'impact de l'aide extérieure sur le taux de croissance. En fait, sur un échantillon de pays en développement, Boone (1996) a trouvé que l'aide n'a pas d'effet sur l'investissement, ni sur la croissance. Il a affirmé que, dans les pays où les politiciens maximisent le bien-être d'une élite riche, l'aide extérieure (inconditionnelle) aura un effet limité sur les niveaux de vie, parce qu'il n'est généralement pas optimal pour les politiciens d'ajuster les politiques discrétionnaires dues à une augmentation des flux d'aide.

Burnside et Dollar (2000) ont considéré, dans leurs régressions de croissance, non seulement l'aide extérieure mais aussi une diversité d'indicateurs de politique économique. Ils ont utilisé des données de 56 pays en développement sur la période 1970-1993, divisée en six sous-périodes de quatre ans, et (contrairement aux autres études dans la littérature) ils ont fourni une estimation plus précise de l'aide extérieure en ajoutant aux dons purs la composante « dons des prêts concessionnels ». Ils ont abouti au résultat selon lequel l'aide avait un impact positif sur la croissance seulement dans les pays où les politiques économiques étaient solides, laquelle solidité était mesurée par *une inflation faible, des déficits budgétaires faibles et un degré élevé d'ouverture extérieure*. D'autre part, ils n'ont trouvé aucune évidence selon laquelle l'aide avait eu un effet systématique sur les politiques économiques, et ont trouvé que l'aide (notamment sur une base bilatérale) avait eu un impact positif fort sur la consommation publique qui, à son tour, n'avait pas d'effet positif sur la croissance.

Tableau 4.2 : Synthèse de la littérature récente sur l'aide, les politiques sociales et la croissance économique

Auteur(s)[données, pays ett méthodes]	*Enseignements majeurs et insuffisances des études*
Burnside et Dollar(2000):*[données sur 56 pays, dont 40 à faible revenu, sur des périodes de 4 ans, de 1970-1993,utilisent les MCO et les doubles MCO.]*	L'aide en pourcentage du PIB affecte positivement la croissance économique des pays qui ont des bonnes politiques macroéconomiques. Les variables sociales, ethnie et nombre d'assassinats, ne sont pas significatives. Dans cette étude, les pays sont pris sous forme de grands blocs à l'aide des variables muettes, ce qui ne permet pas de tirer des leçons propres à un pays. Les variables sociales retenues semblent insuffisantes pour capter l'ampleur de la dimension des sociétés.
Dalgaard, Hansen et Tarp (2004),*[données sur 65 pays, de 1974-1994, utilisent un MCO, GM Men différence et GMM système]*	L'aide aux impacts positifs sur la croissance. Toute fois, l'impact est faible pour les pays qui sont sous les tropiques. Quant aux variables nombre d'assassinat et ethnie, c'est sur tout leur interaction qui est modestement significative. Sur le plan social, ce travail présente les mêmes insuffisances que celui de Burnside et Dollar (2000).Il pourrait être amélioré en choisissant d'autres variables sociales.
Easterly, Levine et Roodman (2004) *,[données sur les pays à faible revenu, de1970 -1997,MCO et doubles MCO]*	En présence d'un grand nombre de pays à faible revenu, les conclusions de Burnside et Dollar (2000) sont moins évidentes. En outre, ces auteurs, considérant les mêmes variables sociales que Burnsideet Dollar(2000), trouvent qu'elles sont non significatives.
MosleyP., Hudson J. Et Verschoor A.(2004), *[données sur 57 à 67 pays, De 1980 à 2000 utilisent la méthode des moments*	L'aide est efficace non seulement dans un bon environnement macroéconomique, mais également en présence de bonnes politiques microéconomiques (pauvreté, inégalité, absence de corruption, islam, mortalité infantile).Toutefois, ces auteurs n'ont réussi à mettre en évidence ces effets que sur des blocs de pays et

Alvi, Mukherj et Shukralla (2008), *[données sur 48 pays, de 1974-2001.Ils emploient des*	L'environnement macroéconomique est un bon déterminant de la croissance; le rendement de l'APD est en baisse lorsque le montant de l'APD est élevé. Les variables sociales, ethnie et nombre d'assassinats, ne sont pas significatives.
Loesse E.(2008),*[données sur la Côte d'Ivoire, de1960 à 2002 à l'aide d'un VECM]*	L'aide influence positivement et significativement la croissance économique de la Côte d'Ivoire, à court terme. Les variables sociales (degré de libertés civiles et droits politiques) ont une influence négative sur la croissance mais non significative sur l'aide. Les variables d'éducation et de santé ne sont malheureusement pas présentes dans
Malam Maman(2009) ,*[données sur le Niger, de 1960 à 2009, exploitées à l'aide d'un modèle à correction d'erreur]*	L'aide affecte positivement et significativement la croissance économique à long terme; la variable effectif des travailleurs avec un niveau d'études secondaire est positivement significatif. Seulement l'auteur n'étudie pas l'interaction entre l'aide et l'éducation, tout comme, il ne prend en compte aucune variable de la santé.
Bhattarai BP (2009) ,*[données sur le Népal de1983-2002 à l'aide d'un modèle à correction d'erreur]*	L'aide a un effet positif sur la croissance économique au Népal. A long terme, l'efficacité de l'aide augmente avec le niveau de politiques macroéconomiques. En recourant au taux d'alphabétisation des adultes, l'auteur conclut que l'efficacité de l'aide dépend de la capacité sociale du Népal. Cependant, l'étude allait gagner en intégrant les variables de la santé, l'autre composante sociale majeure.
Shirazi N.S. ,AbdulMannap T.A.et Ali M.(2010) , *[données sur le Pakistan sur la période1975-2006.Ils recourent à un modèle vectoriel à correction*	L'aide et la croissance économique sont dans une relation de causalité au sens de Granger; l'aide affecte l'indicateur de l'éducation, de l'espérance de vie et de l'indice du développement humain, donc l'aide est un facteur du développement humain. Cependant, cette étude présente l'inconvénient d'avoir mis ensemble les indicateurs de l'éducation et de la santé (espérance de vie) avec

Source : MALAM, M. N. (2016), « Aide publique au développement, niveau d'études et croissance économique au Niger », in Revue Economique et Monétaire N° 19, BCEAO, p. 14.

- La RDC n'est pas en programme avec le FMI
- La RDC est un Etat non crédible
- Absence de stabilité politique et institutionnelle en RDC
- Manque de respect de droits humains en RDC
- Présence de la corruption et des détournements des deniers publics (ce qui handicape l'atteinte des appuis à la croissance) en RDC
- Manque de bonne gouvernance en RDC

- Absence de climat des affaires propice pour l'attraction des investissements (sécurité juridique, sécurité physique, stabilité macroéconomique)
- Etc.

Toutes ces insuffisances sont de nature à obliger les partenaires au développement à mettre en place des mécanismes ou conditionnalités sévères, et les obligeraient à ne pas appuyer (assistance technique, matérielle, financière) l'émergence de la RDC. Toutefois, pour les pays à faibles revenus/PFR, l'aide publique au développement/APD reste la source de financement la plus importante (*soit 56% du total du financement externe*), autant pour les pays les moins avancés/PMA. Pour les pays à revenus intermédiaires/PRI, le secteur privé (*IDE, transferts, etc.*) constitue la plus importante source de financement (*environ 75%*).

4.2. Engager un véritable chantier d'émergence

Les décideurs politiques et économiques doivent œuvrer pour transformer le pays en un chantier d'émergence. C'est dire que l'économie congolaise doit être celle qui crée des richesses et les redistribue de manière équitable et équilibrée ; un pays qui offre à tous des opportunités d'épanouissement ; un pays à la croissance forte, inclusive et durable ; un pays à la sécurité alimentaire renforcée ; un pays de promotion et d'autonomisation des femmes et jeunes ; bref un pays où il fait beau vivre.

Les défis étant immenses, ils demandent pour être relevés un engagement sans faille et sans réserve de tous, congolais du milieu urbain et rural, de l'intérieur tout comme de l'extérieur. Les congolais de la diaspora, disposant d'un savoir et savoir-faire dans le domaine de pointes, doivent être associés dans la gestion du pays pour la quête de l'émergence, ceci est déjà le cas dans le domaine du sport, plus particulièrement avec notre équipe nationale de football.

4.2.1.Refondre le contenu de politique économique

Le contenu de la politique économique actuelle ne parait pas être favorable à l'émergence du pays d'ici 2030.

Cette politique, *caractéristique des économies en développement et héritée de la structure économique coloniale*, tourne essentiellement au tour de deux secteurs qu'elle entretient soigneusement : l'import-export et la consommation des biens de luxe. Une telle articulation de la politique économique rend cette dernière plus passive et réactive qu'offensive, et est à la base de tous les maux qui gangrènent le pays depuis 1960 : chômage, dollarisation, inflation, faible niveau de l'activité économique, modicité de salaires, inégalités sociales, pauvreté, etc.

Les garanties pour une clé d'émergence économique du pays sont :

- l'éthique dans la gestion des finances publiques (des dépenses de qualité et non celles de souveraineté, une bonne gouvernance, etc.) ;
- l'amélioration du climat des affaires pour attirer les investissements directs étrangers ;
- la mise en place des mesures de contrôle du secteur informel pour élargir l'assiette fiscale (étendre les réformes dans le secteur minier vers d'autres secteurs) ;
- le renforcement de la cohérence des politiques au service du développement ;
- La mise en place d'un outil statistique et informatique fiable pour quantifier les exportations et les importations sur tout le territoire national ;
- La diversification des exportations notamment des produits manufacturés ;
- Le renforcement de la compétitivité des produits « made in Congo » à l'interne et à l'externe ;
- La création et la mise en place des mécanismes de facilitation fiscale et douanière du commerce.

Nonobstant la détérioration de la balance des comptes courants, la balance des paiements pourrait enregistrer une situation globale excédentaire induite par la bonne tenue du compte de capital et des opérations financières. Pour ce faire, il faudrait que :

- Les excédents de la balance commerciale se consolident ;
- Les exportations des biens et services s'accroissent ;
- Le déficit des revenus des investissements s'atténue ;
- Les entrées nettes au titre des transferts courants s'améliorent ;
- Les excédents du compte de capital et des opérations financières s'accroissent.
- le renforcement des mécanismes de lutte contre la corruption pour des institutions efficaces, etc.

4.2.2. La refondation du système de gestion des finances publiques dans une perspective d'émergence

La relance de l'économie de la RDC nécessite non seulement l'initiation d'importantes réformes visant à améliorer le climat des affaires en vue d'attirer les capitaux étrangers, mais aussi le renforcement de l'autorité de l'Etat dans la mobilisation à l'interne des ressources publiques conséquentes et susceptibles d'être placées sous forme de la FBCF[38] publique dans les secteurs à effets d'entrainement et créateurs d'un plus grand nombre d'emplois, en l'occurrence les secteurs agricole, routier, industrie manufacturière, etc.

Ceci parce que cette économie a connu une longue période de récession depuis 1973 jusqu'à ce jour. Elle a été traversée par trois crises majeures dont la zaïrianisation de novembre 1973, les vagues de pillages ayant débuté en septembre 1991 et 1992, et la guerre civile doublée d'une agression extérieure et d'une succession de rebellions, depuis 1996 à ce jour. D'où la nécessité pour l'Etat congolais d'avoir des finances publiques

[38] Formation Brut du Capital Fixe.

qui ne s'écarte pas des priorités de la stratégie d'émergence, tout en soutenant la croissance économique et en luttant substantiellement contre la pauvreté.

A ce jour, malgré les efforts fournis par l'Etat congolais avec l'appui des partenaires, la gestion des finances publiques reste marquée par d'importantes faiblesses qui se résument à la difficulté de maîtriser aussi bien les recettes que les dépenses. L'Etat éprouve d'énormes difficultés pour mobiliser les recettes publiques et financer ses programmes économiques de développement. On note par exemple les faiblesses suivantes : (i) le budget de l'Etat continue à s'écarter des priorités de la stratégie de développement [39] ; (ii) la transparence budgétaire reste affectée par l'importance des dépenses hors budget (non priorisées); (iii) la chaîne de la dépense souffre de l'importance des procédures exceptionnelles, le coulage excessif des recettes publiques aussi bien budgétisées que non budgétisées, etc.

Il est visible à ce jour que les finances publiques de la RDC n'ont pas vocation d'être au service du développement économique. En ressources, l'on note des faibles capacités pour les services mobilisateurs (Régies financières) d'explorer le potentiel fiscal existant qui se situerait, d'après de nombreux experts, à plus de 20 milliards de dollars [40] ; la cause principale étant la prolifération des activités informelles. Ce secteur représenterait, de nos jours, au moins plus de **80%** des activités économiques du pays et constitue de ce fait un facteur réducteur de l'assiette fiscale [41]. En dépenses, il se pose donc le problème de la qualité et de la priorisation des dépenses de l'Etat ; les services centraux de l'Etat (fonctionnement des institutions) consomment l'essentiel des recettes publiques mobilisables (les dépassements de l'exécution des dépenses courantes[42]).

---

[39] Ministère des Finances RDC, « Plan stratégique de réforme des finances publiques », Kinshasa, 2010, p.19

[40] Primature, «Programme du Gouvernement 2012-2016 », mai 2012, p.53

[41] Ministère du Plan, « DSCRP II », octobre 2011, p.91.

[42] RDC, « Revue des dépenses publiques », 2007, p.7

A la question de savoir si les finances publiques du pays peuvent garantir l'émergence du pays d'ici 2030, la réponse serait non. A ce jour, les finances publiques de la RDC ne peuvent pas soutenir la croissance économique durable et lutter substantiellement contre la pauvreté. Il y a donc nécessité d'initier d'importantes réformes tant sur le plan législatif, technique, administratif, institutionnel, humain que mental pour une gestion des finances publiques plus optimale et au service du développement.

Ici, nous essayons de réfléchir sur les axes de refondation du système de gestion des finances publiques congolaises dans une perspective d'émergence afin d'aboutir à une situation dans laquelle les finances publiques saines et viables soutiennent l'émergence économique du pays à l'horizon 2030.Nous relevons pour cela trois composantes essentielles :

- En recettes, nous mettons l'accent sur les causes de manque de capacités techniques, institutionnelles, administratives et règlementaires des services mobilisateurs (régies financières) dans l'exploration du potentiel fiscal existant.
- Tandis qu'en dépenses, nous insistons sur la qualité et la priorisation des dépenses publiques par la transmutation de la gouvernance économique de l'Etat congolais dans ses fonctions de réallocation des ressources (affectation des ressources dans les secteurs économiques) et de redistribution des revenus (répartition des richesses).
- Enfin, sur le plan financier annuel ou pluriannuel (budget), nous proposons des stratégies visant à promouvoir la transparence et le respect des procédures budgétaires surtout dans l'exécution du budget de l'Etat.

4.3. Partenariat et projets structurants et intégrateurs

Mobiliser les ressources financières pour l'atteinte de l'émergence requiert aussi une ouverture vers les partenaires au développement (*surtout le renforcement du partenariat public-*

privé pour bénéficier des sources de financements innovants[43]) et des investisseurs étrangers à même d'accompagner le pays vers son émergence, et in fine vers son développement.

Un accent particulier devra être mis également sur les grands projets structurants et intégrateurs à travers le pays qui doivent en constituer un levier essentiel. L'Etat devra favoriser et lancer des projets sur l'agriculture, les mines, les hydrocarbures, la protection environnementale, les industries associées, les services à forte valeur économique : notamment dans les finances, les assurances, les technologies de l'information et de la communication, et puis globalement l'économie numérique. Ces grands secteurs sont porteurs d'avenir pour la jeunesse et pour le pays dans l'ensemble.

4.3.1. Industrialisation et diversification économique comme condition sine qua non pour l'émergence

Le secteur industriel constitue un pilier majeur pour le développement durable et l'atteinte de l'émergence d'une nation. Il favorise l'inclusion des diverses couches sociales dans la richesse nationale, la création des emplois et la diversification économique. Ainsi, le secteur de l'industrie est l'un des secteurs porteurs de croissance.

L'industrie congolaise est ponctuée des crises économiques récurrentes avec un pic historique de 1973 suite aux mesures de zaïrianisation des unités de production industrielle.

Les infrastructures industrielles de base, héritées de la période coloniale, se sont au fil des années avérées incapables et inadaptées de soutenir et canaliser les efforts du pays vers un développement durable et équilibré.

Pour rappel, la contribution du secteur industriel au taux de croissance économique se situait en moyenne annuelle entre

---

[43] Lire à ce sujet les différents rapports ou résumés d'institutions spécialisées : OCDE ; Oxfam (note d'information du Jeudi 17 Juillet 2015) ; ONU (étude sur la situation économique et sociale, 2012) ; OIF (article sur la réunion ministérielle de l'OIF du 18 avril 2013).

20% et 25% pour la période de 1950 à 1957. En 2007, la contribution du même secteur à la croissance s'est située à 1.8%.

En 1950, la RDC comptait 9500 entreprises industrielles contre environ 500 à ce jour qui travaillent avec des contreperformances suite notamment à :

- L'implémentation des politiques de stabilisation et de relance par les décideurs politiques et économiques pendant que les structures de l'économie sont restées fondamentalement inchangées d'une économie extravertie et de commerce des ressources naturelles à l'état brut ;
- La forte persistance de diverses contraintes infrastructurelles, énergétiques, politiques et fiscales non propices pour un environnement socioéconomique pour le développement des affaires ;
- La quasi absence des projets intégrateurs et les investissements dans les éléphants blancs ;
- Les pillages et conflits de guerre à répétition ;
- L'absence de la démarche prospective, de l'intelligence émotionnelle, du management stratégique et de l'esprit entrepreneurial dans la plupart de chefs d'entreprises industrielles.

In fine, vu que le tissu industriel congolais a connu un recul depuis son accession à l'indépendance et, malgré les ressources diverses et variées dont le pays dispose, l'état des lieux du secteur industriel national peut se résumer en des traits marquants suivants :

- Une forte concentration des activités industrielles sur un nombre restreint d'industries, principalement dans l'agro-alimentaire ;
- Une quasi-absence des plans complets et des politiques publiques portant sur le développement industriel notamment dans l'industrie des biens d'équipement, l'industrie du pétrole et de ses dérivés, l'industrie des filières à haute valeur ajoutée, etc. ;

- Une étroitesse de la part des marchés des industries nationales sur le marché local ;
- Une double concurrence à la fois des importations en croissance et du développement du secteur informel ;
- Une absence quasi-totale des produits nationaux sur le marché international ;
- Une vétusté d'infrastructures industrielles ;
- Un déficit criant de l'énergie électrique ;
- Un cadre politique et juridique inadapté ;
- Un manque de la culture entrepreneuriale ;
- Un manque de la politique de financement et de soutien aux industriels ;
- Une absence de la politique fiscale et douanière attrayante ;
- Une absence de la politique économique incitative ;
- Une inadéquation entre la formation et le besoin des entreprises ;
- Une présence de la concurrence déloyale sur le marché national ;
- Une présence des effets négatifs des chocs extérieurs dus aux fluctuations des cours des matières premières ;
- Une présence des poches d'instabilité dans certains coins du pays.

Toutefois, une fois mise à profit avec des politiques publiques idoines qui soient à la fois efficaces, efficientes et durables, les ressources naturelles et potentialités économiques de la RDC sont susceptibles d'impulser son processus de développement, de faire de lui un pays émergent et de le projeter sur la trajectoire des pays développés.

A. Orientations stratégiques pour une politique industrielle d'émergence

Les performances économiques réalisées pendant la dernière décennie en RDC sont imputables aux effets des réformes (essentiellement conjoncturelles). Le taux de croissance réelle était successivement en moyenne à 4%, 6% et 8% pour la période 2001-2005, 2006-2011 et 2012-2015. Le taux de croissance est resté au-dessus de la moyenne de l'Afrique subsaharienne entre 2010 - 2015. De même, le taux d'inflation s'est situé à moins de 3% en 2012 (2.7%) et à 0.815% en 2015 (selon les données de la BCC et l'INS). Aussi, selon les projections du FMI, l'économie de la RDC a affiché un taux de croissance deux fois plus élevé que la moyenne subsaharienne, soit 4.5%.

Cependant, les sources de cette croissance, qui du reste est non inclusive, sont peu diversifiées car seules les mines en constituent la principale source. Cette forte dépendance aux mines exploitées par l'industrie extractive et la non diversification de l'économie l'exposent aux différents chocs exogènes lors des fluctuations des cours internationales.

Etant donné que la diversification de l'économie est une clé pour absorber les effets négatifs des chocs extérieurs sur l'économie, le développement du secteur industriel congolais permet de réduire la volatilité de la croissance, de diversifier l'économie grâce aux effets d'entraînement et de débordement et de renforcer la compétitivité qui permettent de réaliser une croissance à la fois forte, soutenue, inclusive et de qualité. Ceci favorise une transformation structurelle de toute l'économie.

Les stratégies de diversification de l'économie de la RDC doivent passer nécessairement par la densification et la transformation intersectorielle où le secteur industriel joue un rôle prépondérant. Il s'agit de faire de l'environnement économique et industriel congolais apte pour une exploitation pleine de toutes les capacités de production et de mettre en œuvre des passerelles qui assurent un maillage de toutes les unités industrielles sur l'ensemble du territoire national. Il faudra tenir compte aussi d'un développement équilibré et harmonieux qui incite les opérateurs économiques à investir dans toutes les provinces, zones urbaines et rurales y compris.

Encore, faudra-t-il mettre en place un programme national qui vise à réhabiliter et relancer les anciennes unités industrielles.

Dans la quête de l'émergence du pays, les stratégies de relance et développement du secteur industriel de la RDC devront intégrer les éléments clés suivants :

- Diversifier tous les secteurs de l'économie nationale avec primauté au secteur industriel ;
- Mettre en place une politique nationale qui soutient et encourage la compétitivité des exportations ;
- Encourager la productivité dans les secteurs manufacturiers et agricoles ;
- Promouvoir l'utilisation des énergies renouvelables par les industriels ;
- Entrevoir les mécanismes de financement alternatif de l'industrie ;
- Intégrer l'analyse prospective dans l'élaboration des plans de développement industriel ;
- Stimuler la production industrielle en mettant en place des infrastructures performantes ;
- Renforcer les infrastructures de production et les ressources humaines (capacités et compétences industrielles) ;
- Améliorer et assainir le cadre des affaires et de l'investissement ;
- Favoriser le partenariat public privé tout en répartissant les responsabilités entre l'Etat et les privés ;
- Développer la normalisation, la métrologie et la propriété industrielle ;
- Développer les espaces industriels (pôles de croissance, parcs agroalimentaires, zones économiques spéciales, etc.) ;
- Promouvoir l'industrie verte (développement industriel respectueux de l'environnement) et la gestion des déchets industriels ;
- Renforcer les capacités institutionnelles.

Tout pays aspire au développement, au progrès et donc à une amélioration continue des conditions de vie. A cet effet, le bien-être collectif est au centre des préoccupations des actions et mesures des pouvoirs publics, et donc de la politique économique. Cette dernière est un ensemble de décisions cohérentes prises par les pouvoirs publics, qui visent à atteindre les objectifs préalablement définis en mettant en œuvre plusieurs instruments dans le but de promouvoir l'activité économique au cours d'une période bien définie.

Pour la RDC, près de soixante ans après son indépendance, le pays reste parmi les moins avancés. L'une des principales caractéristiques de son sous-développement réside dans l'ampleur de la pauvreté en milieu rural. Cet état des choses exige le renforcement et des nouvelles orientations stratégiques.

4.3.2. Développer des stratégies de réduction de pauvreté en milieu rural

Théodore SCHUTZ disait : « ...partout dans le monde, les pauvres tirent en majorité leur revenu de l'agriculture ; par conséquent, étudier l'économie agricole nous apporterait beaucoup de renseignements sur l'économie de la pauvreté ». Ainsi donc, développer des stratégies visant à accroitre la productivité agricole en milieu rural contribuerait à réduire sensiblement l'extrême pauvreté.

Depuis plus de deux décennies, la RD Congo est classée, en dépit de ses immenses ressources humaines et de sous-sol, parmi les pays les plus pauvres du monde. Le concept de la pauvreté reste complexe à définir. Les tenants de l'approche monétaire considèrent le revenu par habitant (44), et d'autres optent pour l'approche de l'accès aux services sociaux de base (45). Quelque soit l'approche, la RD Congo est classée parmi les pays plus pauvres.

---

[44] Selon le PNUD, est pauvre, tout celui qui vit en deçà de 1.25$/jour.

[45] Tels que l'alimentation, le logement, la santé, l'éducation, etc.

Les chiffres sont éloquents, puisque plus de la moitié de 80 millions de congolais survit dans des conditions infrahumaines avec moins de 2 USD par jour. La majorité de cette population survit dans le milieu rural.

La situation de la pauvreté en milieu rural congolais, comme nous l'avons démontrée tout au long de cette étude, est une situation qui n'est pas restée statique, elle a évolué et a pris une multitude des formes et donc, elle est devenue plus complexe. Il s'en suit sans doute que la recherche des solutions idoines pour vaincre cette pauvreté dans son aspect dynamique actuel, passe inévitablement par l'éradication des contraintes évoquées comme déterminants de cette pauvreté.

La clé de l'émergence dans ce domaine devrait consister à :

- S'occuper de la stabilité politique et institutionnelle,
- Résoudre les conflits armés et inter ethniques,
- Mettre en place des infrastructures socio-économiques de base, assurer la finance agricole,
- Mettre en place des nouvelles technologies,
- Encourager, encadrer et financer la création ainsi que le fonctionnement des coopératives.

Sans pourtant être considérées comme une panacée, ce sont là les éléments clés qui doivent guider les actions que le gouvernement, les ONG, la société civile, les partenaires internationaux et la population elle-même doivent mener dans une approche systémique.

CONCLUSION

L'on retiendra que les pays industrialisés se sont développés au cours du 19è siècle avec peu de capitaux et sans aide extérieure. Plus un pays est endetté, de plus en plus il perd sa souveraineté, son indépendance et son autorité suprême est mise en doute. Mais aussi, la réussite d'un financement sur ressources internes, qui garantit l'indépendance économique du pays, dépend de la qualité des institutions et des politiques économique qui se doivent d'être efficaces. A ce propos, nous concluons avec Berr Eric (2007) que « *...quelles que soit [soient] les voies privilégiées, il apparaît, aujourd'hui peut-être encore plus qu'hier, que la réussite de tout modèle de développement dépend de la capacité à mobiliser des ressources financières pouvant être utilisées à des fins d'équité sociale et de viabilité écologique* ». Et c'est probablement ici que réside la véritable clé de l'émergence de l'économie congolaise.

***

**

*

REFERENCES BIBLIOGRAPHIQUES

➢ ARTICLES ET OUVRAGES

1. **Alfie U., Scheuermaier M. et Baissac C. (2012)**, « *Contraintes à la croissance économique* », dans *Herderschee J., Mukoko S.D et Tshimenga T.M. (éditeurs), Résilience d'un Géant Africain : Accélérer la croissance et Promouvoir l'Emploi en République Démocratique du Congo*, Volume I synthèse, contexte historique et macroéconomique, Kinshasa, Banque Mondiale, MEDIASPAUL, pp. 171-225.
2. **Arnaud Z. (2008)**, « *Dette et développement: Les défis du financement du développement en RDC* », Conférence du CRE-AC du 22 février 2008.
3. **Baudouin, M. (2015),** « *Quel Développement agricole pour la RD Congo* », ERAIFT, Kinshasa.
4. **Berr E. (2007)**, « *Le financement du développement. Introduction* », *in Revue Tiers Mondes*, 4/2007 (n° 192), pp.765-770 *(disponible sur http://www.cairn.info.)*
5. **Bezes**, « *Réinventer l'Etat, les réformes de l'administration française* », 1962-2008, PUZ, Paris.
6. **Boone P. (1996)**, « *Politics and effectiveness of foreign aid* », *European Economic Review*, vol. 40, n°2, p. 289-329.
7. **Boukari M. (2014)**, « *La théorie de la libéralisation financière face aux enjeux du financement du développement en Afrique subsaharienne* », Thèse de doctorat en sciences économiques, université de Bordeaux, 239 p.

8. **Burnside C. et Dollar D. (2000)**, « *Aid, Policies, and Growth* », *The American Economic Review*, vol. 90, n°4, pp. 847-868.
9. **Cabri (2016)**, « *Transparence des finances publiques et participation en République Démocratique du Congo : état d'avancement et priorités de réforme* », Décembre.
10. **Casse,** « *Réformer ou Recentrer le secteur public : Dynamique et prévision* », Paris, OCDE.
11. **Cepii**, « *Le rôle des grands pays émergents dans l'industrie mondiale entre 1995-2005* ».
12. **Cetim/cadtm (2006)**, « *Menons l'enquête sur la dette ! Manuel pour des audits de la dette du Tiers monde* », CETIM Genève/ CADTM Liège.
13. **Charnoz O. et Severino JM. (2006),**« *L'aide publique au développement* », *Repères*, Paris.
14. **Dömeland, D., Kabuya K. et Kid M. (2012)**, « *Contraintes des politiques macroéconomiques* », dans *Herderschee J., Mukoko S.D et Tshimenga T.M. (éditeurs), Résilience d'un Géant Africain : Accélérer la croissance et Promouvoir l'Emploi en République Démocratique du Congo*, Volume I synthèse, contexte historique et macroéconomique, Kinshasa, Banque Mondiale, MEDIASPAUL, pp. 123-169.
15. **Essimbo, N. (2003),** « *La RDC et le PPTE : un point atteint, un long chemin encore à parcourir* », in Notes de conjoncture de l'OCPE, Nouvelle série, Vol. 1 – Num. 1, octobre, pp. 7-12.
16. **Hamann, AJ et Prati, A. (2002),** « *Why Do ManyDisinflationsFail ?The Importance of Luck, Timing, and Political Institutions* », *IMF WorkingPaper*, N° 228.
17. **Herderschee J., Mukoko S. et Tshimenga T. (2012)**, « *Rapport de synthèse* », dans *Herderschee J., Mukoko S.D et Tshimenga T.M. (éditeurs), Résilience d'un Géant Africain : Accélérer la croissance et Promouvoir l'Emploi en République Démocratique du Congo*, Volume I synthèse,

contexte historique et macroéconomique, Kinshasa, Banque Mondiale, MEDIASPAUL, pp. 1-91.
18. **Kabuya K. et Tshiunza M. (2003)**, « *Les enjeux du financement de la reconstruction de l'Etat et de l'économie formelle au congo* », *in OCPE*, nouvelle série, volume 1, n° 1, Octobre, pp. 63-74.
19. **Kabuya, K. et Kikassa, M. (1980)**, « *Stabilisation économique et financière au zaïre de 1978 à 1980. De dévaluations en cascade à la démonétisation* », Kinshasa, CEPAS, 104 p.
20. **Kabuya, K. et Tshiunza, M. (2000),** « *l'Economie congolaise et la réforme monétaire de juin 1998* », l'Afrique des Grands, Annuaire 1999-2000, Avril.
21. **Kabuya, K. et Tshiunza, M. (2003)**, « *Les enjeux du financement de la reconstruction de l'Etat et de l'économie formelle* », in Notes de conjoncture de l'OCPE, Nouvelle série, Vol. 1 – Num. 1, octobre, pp. 63-74.
22. **Kalonji, N. (2003)**, « *Trois « lectures » de la performance de l'économie congolaise en 2002*», in Notes de conjoncture de l'OCPE, Nouvelle série, Vol. 1 – Num. 1, octobre, pp. 43-62.
23. **Kembe, S. (2011)**, « *Dollarisation, inflation et incertitude en R.D. Congo : une modélisation hétéroscédastique*», in Cahiers économiques et sociaux, vol. XXVIII, N°1, Juin, pp. 125-144.
24. **Kimbambu, T. (2002)**, « *Cinq chantiers, diagramme d'ishikawa et matrice d'eisenhower : que nous renseigne le management mathématique ? Quelles leçons pour les chantiers à venir après 2011 ?* », in one pager Lareq, vol. 2 – Num. 002, Mai.
25. **Kimbambu, T. (2012),** « *Evaluation de la politique monétaire RD Congo : un regard rétrospectif* », in Lareq, Note conjoncturelle-Juillet.
26. **Kimbambu, T. et Kabuya, K. (2012), «** *Dynamique du produit intérieur en RD Congo et faits stylisés : une*

thérapie de choc suffit-elle pour démystifier le pseudo-paradoxe congolais ? », in one pager Lareq, Num. 001, Juin.

27. **Kimbambu, T. et Lokota, M. (2012),** « *Arbitrage qualité de la gouvernance et taille du gouvernement en RDC. Application du test de Shapiro-Wilk et Calcul conjoint de coefficient de Bravais-Galton-Pearson et de Spearman* », in one pager Lareq, vol.3 – Num. 008, Août.
28. **Kulonga, K. et Kimbambu, T. (2012)**, « *Les forces politiques parlementaires en RD Congo : simulation du paysage politique et application de l'indice de Shapley-Shubick* », in one pager Lareq, vol.4 – Num. 0013, Décembre.
29. **Lafargue, F. (2011)**, « *Des économies émergentes aux puissances émergentes* », in regards sur le monde, pp. 101-108.
30. **Lukombe (2009),** « *Le droit des entreprises publiques né de la réforme du 07 Juillet 2008 »*, PUDFC, Kinshasa.
31. **Lumbikila, A. (2014)**, « *Crises économiques et politiques et mobilisation des recettes publiques en RDC* », inédit.
32. **Malam M. (2016)**, « *Aide publique au développement, niveau d'études et croissance économique au Niger* », in *Revue Economique et Monétaire N° 19*, BCEAO.
33. **Moummi, A.** (2010), « *Analyse de la Pauvreté en République démocratique du Congo* », working Paperseries No 112, African Developpment Bank, Tunis, Tunisia.
34. **Muanda, B.G.**, « *Les réformes entreprises par les pays dits émergents : quelles leçons pour la République Démocratique du Congo* », inédit, 20 p.
35. **Mubake, M. (1978)**, « *Programmes de redressement des déséquilibres fondamentaux de l'économie zaïroise 1976-1977* », Cahiers Economiques et Sociaux, vol. XVI (4), pp. 448-474
36. **Mukoko, S. (2003),** « *Politiques économiques en RDC : les leçons des trois dernières décennies* », in Notes de

conjoncture de l'OCPE, Nouvelle série, Vol. 1 – Num. 1, octobre, pp. 27-42.

37. **Mulumba, L. (1977)**, « *Le programme de redressement de l'économie zaïroise* », Zaïre-Afrique, 114, pp. 205-221.
38. **Mutinga M. (2010)**, « *RD Congo, la République des inconscients* », Editions Le Potentiel, Kinshasa, 210 p.
39. **Ngonga N. (2012)**, « *introduction à l'économie monétaire et financière* », tronc commun des banquiers, Kinshasa.
40. **Ngoy E. (1999),** « *Stratégie monétaire d'ajustement et dynamique de l'hyperinflation en RDC* », Thèse de Doctorat, Université Paris Est-Créteil, France.
41. **Ngoy E. (2016)**, « *dollarisation, dedollarisation de l'économie congolaise, pourquoi ?* », Cahiers économiques et sociaux de l'IRES, Vol. XXXIII, N°1, Mars, PUK.
42. **Nyala A. (2007)**, « Dette odieuse ; A qui a profité la dette des pays du sud ? », *brochure publiée par la plateforme dette et développement*, Paris.
43. **Smith, S. (1991)**, « *Structural Adjustment* », in UNDP structural Adjustment Advisory Teams for Africa, *Aspects of Exchange Rate Determination*, pp. 21-32.
44. **Sorman g. (2008)**, « *L'économie ne ment pas* », Editions FAYARD, Paris, p.18
45. **Stiglitz, J.** (2013), « *Le Prix de l'inégalité* », Les liens qui libèrent.
46. **Tshiani, N. (2013),** « *La dollarisation fait perdre 600 millions USD à la RDC chaque année* », *http://www.lephareonline.net/docteur-noel-tshiani-la-dollarisation-fait-perdre-600-millions-usd-a-la-rdc-chaque-annee/2013*.
47. **Tshiunza, M. et Kabuya, K. (2002),** « *L'Economie congolaise et la réforme monétaire de Juin 1998* », in L'Afrique des Grands Lacs, Annuaire 1999-2000, Avril.
48. **Verheijen T., Musa M. et Mutamba M. (2012)**, « *Dynamique institutionnelle* », dans *Herderschee J., Mukoko S.D et Tshimenga T.M. (éditeurs), Résilience d'un Géant*

Africain : Accélérer la croissance et Promouvoir l'Emploi en République Démocratique du Congo, Volume I synthèse, contexte historique et macroéconomique, Kinshasa, Banque Mondiale, MEDIASPAUL, Pages 93-121.

49. **Vincent, N. (2003),** « *Programme Intérimaire Renforcé (PIR) et évaluation à mi-parcours du Programme Economique du Gouvernement* », in Notes de conjoncture de l'OCPE, Nouvelle série, Vol. 1 – Num. 1, octobre, pp. 13-26.
50. **Virginie, B. et Mbonyo, H. (2012)**, « *Croissance économique comme un instrument pour la réduction de la pauvreté* », dans *Herderschee J., Mukoko S.D et Tshimenga T.M. (éditeurs), Résilience d'un Géant Africain : Accélérer la croissance et Promouvoir l'Emploi en République Démocratique du Congo*, Volumme I synthèse, contexte historique et macroéconomique, Kinshasa, Banque Mondiale, MEDIASPAUL, Pages 227-267.

➢ RAPPORTS OFFICIELS ET SEMINAIRES (COLLOQUES)

1. **Banque Centrale du Congo**, *Rapports annuels*.
2. **Banque Mondiale (2015)**, « *Renforcer la Résilience de Long Terme de la RDC : le Rôle de la Dédollarisation, de la Prospection Artisanale et de la Diversification Economique* », in rapport de suivi de la situation économique et financière de la RDC, 3è édition
3. **Banque Mondiale**, « *Qualité de la croissance* », Bruxelles, 2002, De Boeck Université.
4. **Fonadir (2015),** « *Recommandations du 1er forum national du développement de l'industrie et du redressement productif* », Kinshasa.
5. **Laboratoire d'Analyse-recherche en économie quantitative (2016)**, « *Bilan économique des gouvernements de la RDC entre 1960 et 2016* », Kinshasa, Novembre.

6. **Matata, P. (2015)**, « *Stabilisation macroéconomique et croissance économique en République Démocratique du Congo de 2002 à 2015. De la théorie à la pratique* », Leçon académique présentée dans le cadre de l'obtention du diplôme de Docteur Honoris Causa de l'Université Protestante au Congo (UPC), le 28 Novembre, Primature-RDC, Kinshasa.
7. **Ministère des Finances de la RDC (2010)**, « Plan stratégique de réforme des finances publiques », Kinshasa.
8. **Ministère du Plan de la RDC (2011)**, « DSCRP II ».
9. **Ngoy Emile**, « *exposé du Professeur Emile NGOY (secrétaire du jury désigné à l'occasion de la cérémonie de l'octroi du titre du docteur Honoris Causa de l'Université de Kindu à l'ancien premier ministre de la RDC* », 28 Avril 2017.
10. **OCDE (2008)**, « chapitre 2. Pour une gestion efficace de l'aide – Douze leçons tirées des examens par les pairs réalisés par le CAD », *Revue de l'OCDE sur le développement 2008/1 (n°9)*, p. 39-58 *(disponible sur http://www.cairn.info)*
11. **OMC (2010)**, « *Examen des politiques commerciales : rapport de la République Démocratique du Congo* », Octobre.
12. **ONU (2012)**, « Etude sur la situation économique et sociale : à la recherche de nouveaux modes de financement du développement », New York, 32 p.
13. **OXFAM (2015)**, « Quels enjeux pour le financement du développement ? », Note d'information du jeudi 17 Juillet, 8 p.
14. **PNUD (2014)**, « *Rapport mondial sur le développement humain* ».
15. **Primature de la RDC (2012)**, «Programme du Gouvernement 2012-2016 », Mai.
16. **Rapport ITIE-RDC(2011-2012-2013-2014)**.

17. **Rapport réunion ministérielle OIF (2013)**, « Le financement du développement : instruments et secteurs prioritaires pour les PRF OIF », Washington, 18 avril, 9 p.
18. **RDC (2004)**, « *Rapport National sur les Objectifs du Millénaire pour le Développement* ».
19. **RDC (2015)**, « *Revue de la gestion des dépenses publiques et de la responsabilisation financière* », vol. I.
20. **RDC**, « *Document de la Stratégie de croissance et de réduction de la pauvreté* », juillet 2006, 120 p.
21. **RDC**, « *Plan National Stratégique de Développement (PNSD), Stratégies et outils de mise en œuvre* », Kinshasa, 2016
22. **RDC**, « *Plan National Stratégique de Développement (PNSD), Vision de la RDC à l'horizon 2050* », Kinshasa, 2016
23. **RDC**, Revue des dépenses publiques, 2007.

➢ SITES INTERNET CONSULTES

1. *http://www.budget.gouv.cd/etat-des-lieux-de-la-bancarisation/*
2. *http://www.cairn.info*
3. *http://www.lephareonline.net*
4. *http://www.idgpa.org/downloads/African-Journal-of-Democrcy-and-Governance-(AJDG)*
5. *http://hdr.undp.org/en/countries*
6. *http://data.worldbank.org/country/congo-dem-rep*
7. *http://go.worldbank.org/MXOJQX94A0*
8. *http://www.lareq.com*
9. *https://www.primature.cd/public/*
10. *www.RightsinDevelopment.org*

ANNEXES

Annexe 1 : Résumés de quelques programmes économiques (période, objectifs et résultats)

Programmes	Période	Objectifs	Résultats
Programme intérimaire renforcé (PIR)	2001	Casser l'hyperinflation, unifier le taux de change, libéraliser l'économie, créer un environnement favorable à la croissance, et poser les bases de la relance économique.	Ce programme a non seulement permis de remettre l'économie congolaise sur la voie de stabilisation macroéconomique mais également à la RDC de renouer formellement les relations de coopération avec la communauté financière internationale.
Programme économique du gouvernement (PEG 1)	2002/2005	Consolidation de la stabilité macroéconomique par l'amélioration de la gestion des finances publiques et la poursuite d'une politique monétaire prudente visant à affermir la stabilité des prix intérieurs et du taux de change ; amélioration du climat des affaires ; et relance de la croissance en vue de réduire la pauvreté	L'exécution du PEG a permis de consolider les bons résultats du PIR, remettre la RDC sur la voie de la croissance économique positive et d'accéder au point de décision de l'I-PPTE en juillet 2003. Mais à cause du relâchement dans la mise en œuvre de la politique budgétaire, conjuguée à la lenteur des réformes, à la suite de l'organisation des élections présidentielles de 2006, le PEG1 a été arrêté sans avoir conclu sa cinquième et sixième revue.
Programme relais de consolidation (PRC)	2006	Idem	D'une durée de 9 mois, le PRC qui visait à corriger les déséquilibres à la base de la suspension du PEG1, n'a pas été concluant à fin décembre 2006, pour les mêmes raisons.

Programme suivi par les services du FMI (PSSF)	2007/2008	Idem	En avril 2007, le PRC a été reconduit (avec un suivi du FMI) et sa mise en œuvre concluante en 2008 a permis la conclusion d'un nouveau programme triennal en 2009, dénommé PEG2.
Programme économique du gouvernement (PEG 2)	2009/2012	consolider la stabilité macroéconomique, améliorer la gestion des finances publiques, renforcer l'indépendance de la BCC et assainir le climat des affaires.	Le PEG2 a conduit à la réalisation satisfaisante de tous ses objectifs quantitatifs. Après quatre revues concluantes, le programme n'a pas été achevé à la suite de son expiration en décembre 2012, due à la divergence dans l'interprétation d'un critère qualitatif en matière de transparence dans la gestion des ressources naturelles.
Programme d'action du gouvernement (PAG)	2012/2016	Poursuivre les réformes institutionnelles (pour améliorer l'efficacité de l'Etat), accélérer la croissance économique tout en maintenant la stabilité macroéconomique, poursuivre la construction et la modernisation des infrastructures de base, améliorer le cadre de vie et les conditions sociales de la population, renforcer le capital humain et l'éducation à la citoyenneté, renforcer la diplomatie et la coopération au développement.	

GRAPHIQUES

TABLEAUX

TABLE DES MATIERES

CHAPITRE II
EFFICACITÉ DES POLITIQUES ECONOMIQUES APPLIQUÉS DEPUIS 1960

RÉPUBLIQUE DÉMOCRATIQUE DU CONGO AUX ÉDITIONS L'HARMATTAN

Dernières parutions

CONGO COMMENT LE RECONSTRUIRE, Y RAMENER LA PAIX ET LE DÉVELOPPER ?
Vade-mecum pour les dirigeants
Jean-Pierre Nzeza Kabu Zex-Kongo
Préface du Pr Vitinimi Ne Mpangu Zi Kongo
D'une part, l'auteur identifie les grands enjeux actuels du Congo avecles huit défis que le pays doit relever : le défi de l'État, le défi de la sécurité, le défi de la démocratie, le défi du tribalisme, le défi de l'éducation, le défi de l'industrialisation, le défi de la maintenance et le défi de la maîtrise territoriale. D'autre part, il expose les projets mobilisateurs qui permettent d'y répondre : des mesures indispensables en ce sens que si elles sont omises, il y a peu de chance d'engager le Congo dans un vrai processus de développement économique et social.
(Coll. Études africaines, 250 p., 26 euros)
ISBN : 978-2-343-16183-9, EAN EBOOK : 9782140105418

DÉCENTRALISATION CHAOTIQUE EN RÉPUBLIQUE DÉMOCRATIQUE DU CONGO
Jean-Pierre Lotoy Ilango-Banga
Préface de Mwayila Tshiyembe
Epine dorsale du développement local, la territoriale en demeure un élément catalyseur, compte tenu de la centralité et de la transversalité qui la caractérisent. La décentralisation est le système administratif ou le mode de gestion qui permet son opérationnalité et en demeure l'expression de son efficacité. La gestion actuelle du processus de décentralisation en RD Congo souffre d'excroissance et reflète l'image du "renard affamé" devant des raisins mûrs qu'il convoite, mais incapable de les cueillir, à cause d'une difficile inculturation de ce système administratif. Doit-on abandonner la décentralisation des entités locales ?
(Coll. Géopolitique mondiale, 112 p., 13 euros)
ISBN : 978-2-343-15412-1, EAN EBOOK : 9782140105111

LÉOPOLD II LE PLUS GRAND CHEF D'ETAT DE L'HISTOIRE DU CONGO
Jean-Pierre Nzeza Kabu Zex-Kongo
Préface de Kiowa Ki Vita
Ce livre porte un autre regard sur Léopold II (1835-1909), deuxième roi des Belges, premier Congolais de l'histoire, créateur de l'État indépendant du Congo (1885) et son souverain durant un quart de siècle (1885-1908). L'auteur, congolais, met en évidence ce que le roi souverain Léopold II a laissé en héritage au pays. Il est

indispensable de se souvenir que des crimes ont été commis sous son règne, mais ils ne doivent pas empêcher de mettre en valeur ses qualités et les réalisations qu'il a menées à bien lesquelles plaident en faveur d'une réhabilitation de son image et de son action.

(Coll. Études africaines, 204 p., 21,5 euros)

ISBN : 978-2-343-14991-2, EAN EBOOK : 9782140104374

CONTRIBUTION DE LA MUSIQUE CONGOLAISE À L'ÉDUCATION À LA CITOYENNETÉ

Pour une éthique du musicien

Martin Fortuné Mukendji Mbandakulu

Partant d'un constat sur le comportement des musiciens congolais depuis quelques années, l'auteur se demande si la musique congolaise peut contribuer à l'éducation, mieux à l'éducation à la citoyenneté. C'est ainsi qu'il fait l'historique de la musique congolaise, de la traditionnelle à la moderne, tout en établissant des convergences et divergences entre la musique chrétienne et la musique profane. Il trouve que la musique a une noble mission bafouée ou banalisée par les musiciens congolais. Ainsi a-t-il initié une éthique du musicien.

(146 p., 16 euros)

ISBN : 978-2-343-15775-7, EAN EBOOK : 9782140103704

ETIENNE TSHISEKEDI WA MULUMBA

Biographie socio-politique à travers médias et témoignages

Collectif universitaire

Cet ouvrage retrace le parcours et les actions socio-politiques d'Étienne Tshisekedi, homme d'État charismatique de la République démocratique du Congo, né en 1932, décédé le 1er février 2017. Et il le fait, exclusivement, à travers textes et documents, photos, médias et témoignages. Résultat d'une recherche longue et rigoureuse dans les réseaux sociaux, médiatiques et institutionnels, ce travail consiste en un recueil de textes et documents disponibles, dûment référenciés, sans prétention aucune d'exhaustivité.

(Coll. Économies Plurielles, 236 p., 24 euros)

ISBN : 978-2-343-15445-9, EAN EBOOK : 9782140103971

LES INSTITUTIONS PROVINCIALES FACE AU DÉFI DU DÉVELOPPEMENT DE LA RDC

Emmanuel Ramazani Shadary Mu Landa

Préface de Faustin Mulamba Mvuluya - postface de Jean Kambayi Bwatshia

Ce livre rend compte de l'effectivité du fonctionnement des institutions provinciales issues de la Constitution du 16 février 2006 en République démocratique du Congo et des résultats engrangés par leur mise en oeuvre. L'auteur part de l'histoire des institutions provinciales depuis l'indépendance, à travers les diverses constitutions du Congo-Kinshasa. Il explique les conditions sociohistoriques qui ont influencé la production de ses constitutions et leurs répercussions sur la marche des entités provinciales.Il propose des mesures correctionnelles portant sur les textes, l'organisation et les hommes.

(Coll. Harmattan RDC, 330 p., 34 euros)

ISBN : 978-2-343-15807-5, EAN EBOOK : 9782140103650

LA CULTURE DU MAÏS DANS LE HAUT-KATANGA

Evolution, contraintes et solutions agronomiques

Luciens Nyembo Kimuni, Hugues Ilunga Tabu, Deogratias Mwamba Muloy Ilunga, Antoine Kanyenga Lubobo, Louis Baboy Longanza, Adrien Kalonji Mbuyi

Ce livre se penche spécifiquement sur des situations concrètes, l'analyse des dynamiques des problèmes que posent la culture et la production de maïs dans la province du Haut-Katanga en République Démocratique du Congo. Il propose des solutions pour aider les agriculteurs à surmonter les obstacles et acquérir les compétences et technologies innovantes qui leur permettront de cultiver les produits de meilleure qualité.

(Coll. Études africaines, 292 p., 30 euros)

ISBN : 978-2-343-14635-5, EAN EBOOK : 9782140103353

ETAT DES LIEUX DE LA PRESSE AUX CONGOS

Joseph Okania

Joseph Okania fait ici l'autopsie de ce mal récurrent qu'est l'amateurisme des journalistes congolais, lequel, bien que décrié par tous, gangrène le corps de la presse congolaise, rives droite et gauche confondues. Une immersion complète et une investigation de l'intérieur des médias l'ont conduit à cerner les inepties qui essaiment l'espace médiatique des deux Congos. Il appelle les journalistes au ressaisissement, en vue de redorer le blason terni de cette corporation et ainsi de redonner à la presse congolaise ses lettres de noblesse.

(Coll. Harmattan Congo-Brazzaville, 160 p., 17,5 euros)

ISBN : 978-2-343-15977-5, EAN EBOOK : 9782140103223

QUE RESTE-T-IL DE L'ÉCOLE CATHOLIQUE EN RD CONGO ?

Victor Biduaya Badiunde M.

Préface de Dries Vanysacker

"Victor Biduaya Badiunde analyse l'état et le développement de l'école catholique depuis l'évangélisation du Congo par les Portugais au XVe siècle jusqu'à ce jour. Il lance, comme prêtre catholique, un appel à tous les chrétiens vivant en R.D. Congo pour qu'ils voient dans cette institution scolaire gérée par l'Église « un cadre providentiel pour préparer l'élite laïque et pour approfondir et communiquer la foi à la jeunesse en lui proposant des valeurs fondées sur l'Évangile et une vision chrétienne du monde". Dries Vanysacker

(Coll. Églises d'Afrique, 212 p., 21,5 euros)

ISBN : 978-2-343-15231-8, EAN EBOOK : 9782140101823

MÉDIAS PIONNIERS AU CONGO

Se kukianga (1891) et Minsamu Miayenge (1892)

Jean-Chrétien D. Ekambo

Préface de Bertrand Cabedoche

"La méticulosité et la pugnacité de l'auteur l'ont poussé à croiser les références documentaires. Mais ce n'est pas seulement un récit de l'aventure médiatique de deux magazines et de deux missions protestantes européennes dans le Congo de la fi n du XIXe siècle. On ne peut qu'admirer la puissance de distanciation du chercheur : Jean-Chrétien Ekambo ne relativise rien, ni l'exploitation éhontée et brutale ; il ne légitime rien, ni la violence symbolique et physique ; il n'atténue rien, ni les responsabilités directes des acteurs ; il n'élude rien, ni la dimension marchande des expéditions coloniales. L'auteur travaille à l'écart du romantisme et de l'antiracisme". Bertrand Cabedoche

(Coll. Medias d'hier, 206 p., 22 euros)

ISBN : 978-2-343-14775-8, EAN EBOOK : 9782140101816

LA LUTTE CONTRE LA NÉOCRIMINALITÉ PROCRÉATIQUE EN RÉPUBLIQUE DÉMOCRATIQUE DU CONGO

Esquisse de politique criminelle en bioéthique

Irénée Mvaka Ngumbu

Préface d'Evariste Likinda

La néocriminalité procréatique se situe dans un ensemble des nouvelles formes de criminalités qui accompagnent ou que génèrent les technosciences. La procréatique permet à l'homme de réaliser son rêve d'être maître de l'homme en intervenant dans les secrets de la genèse de la vie en vue de l'orienter comme il veut. Mais cet homme technoscientifique aura-t-il toujours la maîtrise de sa maîtrise ?

(Coll. Harmattan RDC, 466 p., 45 euros)

ISBN : 978-2-343-15354-4, EAN EBOOK : 9782140099359

LA DÉPRÉCIATION DU FRANC CONGOLAIS (2001-2018)

Effet d'hystérèse

Blaise Sary Ngoy

Ce livre aborde la dépréciation à répétition du franc congolais, caractérisée par l'effet d'hystérèse. Il affirme qu'aucune politique monétaire ou budgétaire ne peut porter des fruits dans le contexte actuel, car la monnaie représente la santé de l'économie. Elle est malade. Tant que celle-ci souffre, la valeur de la monnaie reflète ces maux. L'auteur suggère de soigner le virus qui ronge cette économie. La stabilité de la monnaie ira de soi, dès lors que les réformes structurelles permettent l'équilibre de ses fondamentaux.

(Coll. Études africaines, 240 p., 24,5 euros)

ISBN : 978-2-343-14982-0, EAN EBOOK : 9782140098482

AGONIE ET FIN DE LA PREMIÈRE RÉPUBLIQUE DU CONGO-KINSHASA

Kayamba Tshitshi Ndouba

Préface d'Alain Lubamba wa Lubamba

De la proclamation de l'Indépendance au coup d'Etat militaire de 1965, une crise de régime politique a secoué profondément le Congo-Kinshasa. Cet ouvrage entend en expliciter les soubassements à travers deux anagrammes : l'évolution institutionnelle de séparation des pouvoirs et les dynamiques de relation des différents acteurs de la crise politique congolaise.

(Coll. Études africaines, 292 p., 30 euros)

ISBN : 978-2-343-14052-0, EAN EBOOK : 9782140097676

Structures éditoriales du groupe L'Harmattan

L'Harmattan Italie
Via degli Artisti, 15
10124 Torino
harmattan.italia@gmail.com

L'Harmattan Hongrie
Kossuth l. u. 14-16.
1053 Budapest
harmattan@harmattan.hu

L'Harmattan Sénégal
10 VDN en face Mermoz
BP 45034 Dakar-Fann
senharmattan@gmail.com

L'Harmattan Cameroun
TSINGA/FECAFOOT
BP 11486 Yaoundé
inkoukam@gmail.com

L'Harmattan Burkina Faso
Achille Somé – tengnule@hotmail.fr

L'Harmattan Guinée
Almamya, rue KA 028 OKB Agency
BP 3470 Conakry
harmattanguinee@yahoo.fr

L'Harmattan RDC
185, avenue Nyangwe
Commune de Lingwala – Kinshasa
matangilamusadila@yahoo.fr

L'Harmattan Congo
67, boulevard Denis-Sassou-N'Guesso
BP 2874 Brazzaville
harmattan.congo@yahoo.fr

L'Harmattan Mali
Sirakoro-Meguetana V31
Bamako
syllaka@yahoo.fr

L'Harmattan Togo
Djidjole – Lomé
Maison Amela
face EPP BATOME
ddamela@aol.com

L'Harmattan Côte d'Ivoire
Résidence Karl – Cité des Arts
Abidjan-Cocody
03 BP 1588 Abidjan
espace_harmattan.ci@hotmail.fr

L'Harmattan Algérie
22, rue Moulay-Mohamed
31000 Oran
info2@harmattan-algerie.com

L'Harmattan Maroc
5, rue Ferrane-Kouicha, Talaâ-Elkbira
Chrableyine, Fès-Médine
30000 Fès
harmattan.maroc@gmail.com

Nos librairies en France

Librairie internationale
16, rue des Écoles – 75005 Paris
librairie.internationale@harmattan.fr
01 40 46 79 11
www.librairieharmattan.com

Librairie l'Espace Harmattan
21 bis, rue des Écoles – 75005 Paris
librairie.espace@harmattan.fr
01 43 29 49 42

Lib. sciences humaines & histoire
21, rue des Écoles – 75005 Paris
librairie.sh@harmattan.fr
01 46 34 13 71
www.librairieharmattansh.com

Lib. Méditerranée & Moyen-Orient
7, rue des Carmes – 75005 Paris
librairie.mediterranee@harmattan.fr
01 43 29 71 15

Librairie Le Lucernaire
53, rue Notre-Dame-des-Champs – 75006 Paris
librairie@lucernaire.fr
01 42 22 67 13